Anja Reich

Der Fall SCHOLL

Anja Reich

Der Fall SCHOLL

Das tödliche Ende einer Ehe

ullstein extra

Der Großteil der in diesem Buch genannten Personen und Orte des Geschehens entspricht den Tatsachen. Nur in wenigen Fällen mussten Personen und Orte anonymisiert werden; diese sind mit einem Sternchen markiert.

Für Alexander

MIX
Papier aus verantwortungsvollen Quellen
FSC® C083411

3. Auflage 2014

Ullstein extra ist ein Verlag der Ullstein Buchverlage GmbH
www.ullstein-extra.de

ISBN 978-3-86493-023-2

Gesetzt aus der Wilke
Satz: Pinkuin Satz und Datentechnik, Berlin
Druck und Bindung: CPI books GmbH, Leck
Printed in Germany

Vorbemerkung

Dieses Buch erzählt eine wahre Geschichte und ist zwischen Oktober 2012 und März 2014 entstanden. Es beruht auf Beobachtungen im acht Monate dauernden Indizienprozess, auf Interviews mit Freunden und Familienangehörigen des Opfers und des Angeklagten sowie mit Geschäftspartnern, Politikerfreunden, Anwälten und anderen, die über das Leben von Brigitte und Heinrich Scholl Auskunft geben konnten.

Mit Heinrich Scholl habe ich mehrere lange Gespräche im Untersuchungsgefängnis Brandenburg an der Havel geführt. Darüber hinaus hat er mir seine Lebenserinnerungen aufgeschrieben und zugeschickt. Das letzte Gespräch mit ihm, ein Telefonat, fand im Februar 2014 statt.

Ich danke allen, die mich bei der Arbeit an diesem Buch unterstützt haben.

Anja Reich

Der letzte Tag

Brigitte Scholl verschwand am 29. Dezember des Jahres 2011, einen Tag nach ihrem siebenundvierzigsten Hochzeitstag. Die Blumen, die ihr Mann ihr geschenkt hatte, rote Rosen, standen noch auf dem Wohnzimmertisch, in der Ecke der Weihnachtsbaum, gerade gewachsen, üppig geschmückt. Alles musste stimmen.

Es sollte perfekt sein, bis zum Schluss.

Brigitte Scholl war siebenundsechzig Jahre alt und Kosmetikerin von Beruf. Ihr Studio befand sich im Erdgeschoss ihrer Wohnung. Nie war sie unpünktlich, nie unfreundlich, nie hörte man ein lautes Wort im Hause Scholl. Ihre Ehe galt als tadellos. Wenn um acht Uhr morgens die erste Kundin klingelte, stand Brigitte Scholl im weißen Kittel in der Tür, die Haare zurückgebunden. Aus der Küche grüßte ihr Mann, der Bürgermeister a. D.

Heinrich Scholl war eine Legende in Ludwigsfelde. Er hatte nach dem Mauerfall die Sozialdemokratie im Ort mitbegründet, war bei der ersten freien Wahl seit Kriegsende zum Bürgermeister gewählt worden und hatte seiner Stadt einen einzigartigen wirtschaftlichen Aufschwung beschert. Er holte Daimler-Benz, Thyssen sowie Deutschlands führenden Triebwerkshersteller MTU nach Ludwigsfelde. Er schuf Tausende von Arbeitsplätzen und galt als der erfolgreichste Bürgermeister der neuen Länder, der Beweis, dass der Aufschwung Ost funktionierte, ein Symbol für die deutsche Einheit.

Seit drei Jahren war er Rentner, aber er konnte nicht aufhören zu arbeiten, genauso wenig wie seine Frau. Sie hatte heute eigentlich frei, ihr Salon war zwischen Weihnachten und Silvester geschlossen. Es war einer dieser Tage zwischen den Jahren, an denen die Zeit stillzustehen scheint. Aber Brigitte Scholl konnte nicht stillstehen, sie musste immer etwas machen, sich immer um irgendetwas kümmern, immer jemandem helfen. Im Ort nannte man sie die Lady Di von Ludwigsfelde. Ihr Mann war Napoleon. Er war ein Meter fünfundsechzig groß und trug gerne Schuhe mit hohen Absätzen.

Heinrich Scholl schlief noch, als seine Frau wie jeden Morgen um halb sechs aufstand, um mit ihrem Hund vor die Tür zu gehen. Es handelte sich um den vierzehnjährigen Ursus, einen Cockerspaniel, der jeden anknurrte, seit er im vergangenen September bei einem Spaziergang auf dem Friedhof von einem anderen Hund ins Ohr gebissen worden war. Brigitte Scholl versorgte ihren Hund rund um die Uhr mit Hundekeksen, während der Kosmetik durfte Ursus unterm Behandlungsstuhl liegen. Ihm zuliebe hatte Brigitte Scholl in diesem Jahr sogar auf den Weihnachtsbesuch bei ihrem Sohn in Wiesbaden* verzichtet. Brigitte Scholl wollte Ursus die lange Fahrt nicht zumuten, und ihn ins Tierheim zu stecken kam für sie nicht in Frage.

Alles drehte sich um Ursus. Neuerdings übernachtete er sogar im Ehebett. Links neben ihr, da, wo früher ihr Mann gelegen hatte.

Es war noch dunkel, als Brigitte Scholl vor die Tür trat, ungeschminkt und unfrisiert, die Mütze tief ins Gesicht gezogen. So wagte sie sich nur um diese Tageszeit auf die Straße. Sie war allein.

Die Luft fühlte sich kühl und feucht an, genau wie in den letzten Tagen. Sie hatten keine weiße Weihnacht gehabt, und für Neujahr war das gleiche graue Wetter vorausgesagt. Sie lief einmal die Walther-Rathenau-Straße hoch und wieder runter. Links und rechts reihten sich Holzhäuser aneinander, die alle gleich aussahen. Dunkle Fassaden, spitze Giebel, kleine Dachluken, Vorgärten, Beete, Rasen, Zäune, Garagen, Hecken. Die Holzhaussiedlung war kurz vor Kriegsende gebaut worden, 1944, genau in dem Jahr, in dem Brigitte Scholl auf die Welt kam. Sie war ein Kriegskind, das in einem Kriegshaus wohnte. Auf dem Dachboden hatten sie Zettel in kyrillischer Schrift gefunden. Sie stammten von den sowjetischen Kriegsgefangenen, die diese Häuser für die Arbeiter des Daimler-Werkes bauten. Das Daimler-Werk in Ludwigsfelde war im Zweiten Weltkrieg das größte und modernste Flugmotorenwerk Europas gewesen. Hier wurden dreitausend-PS-starke Motoren für deutsche Jagdbomber gebaut, die Montagehallen lagen gut versteckt im märkischen Kiefernwald und verfügten über einen direkten Anschluss an Hitlers Reichsautobahn. 1937 wurde der erste Motor gebaut, fünf Jahre später war aus dem Zweihundert-Seelen-Dorf eine Fünftausend-Einwohner-Stadt geworden, ein gesichtsloser Ort ohne Zentrum, ohne Rathaus, ohne Kirche. Ludwigsfelde war als Feldlager für Adolf Hitler und seine

Welteroberungspläne geplant worden. Und so richtig hatte sich die Stadt nie davon erholt.

Nach dem Krieg wurden hier DDR-Lastkraftwagen hergestellt, heute befand sich in Ludwigsfelde das größte FKK-Thermalbad Deutschlands. Die Straßen, Bürgersteige und Radwege waren breit, die Autobahn inzwischen sechsspurig. Es gab Autohäuser, Tankstellen und Kreisverkehre, Schulen, Sportplätze, Einkaufszentren, Bahnhöfe, Parkplätze, Tennisplätze, ein Rathaus, ein Kulturhaus, ein Museum und eine Bibliothek. Wie ein Legomodell war die Stadt aus vielen kleinen Bausteinen zusammengesetzt worden. Hier noch ein Haus, hier ein Restaurant, hier eine Sparkasse, hier ein Altenheim, und immer wenn man dachte, es ginge nicht mehr weiter, begann ein neuer Gewerbepark. Große Schilder wiesen die Wege zum Friedhof, zum Bahnhof, Krankenhaus oder Preußenpark. An den Straßen warteten die Leute, bis die Ampel auf Grün sprang, auch wenn weit und breit kein Auto zu sehen war. Für Hundehalter standen Plastiktütenspender zur Entfernung der Hundehaufen zur Verfügung. Alles war ordentlich, sauber und zweckmäßig in Ludwigsfelde. Genau wie im Haushalt von Brigitte und Heinrich Scholl.

Sie waren in den siebziger Jahren in die Holzhaussiedlung gezogen. Ihre Doppelhaushälfte lag an einem kleinen Platz mit Klettergerüst und Blumenbeeten und sah nicht mehr wie ein Kriegshaus aus. Heinrich Scholl hatte Wände rausgerissen, Fliesen verlegt und zwei Kamine gebaut. Die Fenster waren neu, das Dach auch und der Garten ein Kunstwerk. Es kam vor, dass Besucher fragten, ob sie ihre Schuhe ausziehen sollten, bevor sie den Rasen betraten. Auch ihre Hecke wurde oft bewundert. So gerade gewachsen. Brigitte Scholl war vor allem wichtig, dass die Hecke hoch war. Es ging keinen was an, was sie so machte, ob sie alleine zu Hause war, ob es ihr gut oder schlecht ging. Sie war immer noch die Bürgermeisterfrau, eine Autorität im Ort. Nicht einmal ihren besten Freundinnen im Ort erzählte sie von ihren Problemen. Nur ihr Sohn Frank*, der seit zwanzig Jahren in Wiesbaden wohnte, und ihre Freundin Inge*, die 1961 aus Ludwigsfelde nach Anklam gezogen war, wussten Bescheid. Ihnen hatte sie auch erzählt, dass sie vor ein paar Jahren beim Beerdigungsinstitut Klotz ihr Grab bestellt hatte. Auch das gehörte zum Ordnungsverständnis der Bürgermeisterfrau. Um bestimmte Dinge sollte man sich nicht erst kümmern, wenn es zu spät ist.

Brigitte Scholl lief zum Haus zurück. Es war halb sieben, im Zimmer ihres Mannes unterm Dach brannte kein Licht, offenbar schlief er noch, was ihr die Möglichkeit gab, in Ruhe zu duschen, sich anzuziehen, aufzuräumen, Frühstück zu machen und ein paar Telefonate zu erledigen. Heinrich Scholl war im Gegensatz zu seiner Frau ein Langschläfer und blieb gerne lange auf. Bis weit nach Mitternacht konnte er im Wohnzimmer sitzen, Rotwein trinken und an irgendwelchen Papieren arbeiten, während sie schon lange schlief. Wenn sie gemeinsam zu Geburtstagen gingen, kam es vor, dass sie sich nach dem Abendbrot verabschiedete und er noch weiterfeierte. Sie waren sehr unterschiedlich. Sie liebte Hunde, er Katzen, er trank gerne Wein, sie verabscheute Alkohol, er kletterte auf sechstausend Meter hohe Berge, sie lag lieber am Ostseestrand, und am liebsten blieb sie zu Hause.

Man fragte sich, wie die beiden es so lange miteinander ausgehalten hatten, aber das fragte man sich ja bei vielen Paaren, die so lange wie die Scholls miteinander verheiratet waren und deren Ehe inzwischen weniger an eine Liebes- als an eine Geschäftsbeziehung zweier Menschen erinnerte, die sich miteinander arrangiert hatten. Zu den Arrangements des Ehepaares Scholl gehörte es, gemeinsam zu frühstücken, den Tag abzusprechen, Aufgaben zu verteilen, und danach ging jeder seiner eigenen Wege, bis man sich irgendwann wieder zu Hause traf.

So war es auch heute, an jenem Donnerstag im Dezember. Heinrich Scholl stand auf, trank Kaffee, las Zeitung. Sein Termin um neun Uhr war abgesagt worden, sein nächster erst um dreizehn Uhr in Berlin, ein Mittagessen mit einem alten Geschäftsfreund. So hatte er Zeit, für seine Frau ein paar Einkäufe zu erledigen, zur Sparkasse zu gehen und das Auto vollzutanken, bevor er bei der Therme nach dem Rechten sehen würde.

Die Therme war sein letztes großes Projekt als Bürgermeister gewesen, ein Zwanzig-Millionen-Bau, der ihn kurz vor Ende seiner Amtszeit fast noch den Kopf gekostet hätte. Zu groß, zu teuer, und dann noch FKK. Ein Luxusnacktbad in der Arbeiterstadt Ludwigsfelde. Sogar seine Genossen fürchteten, Heinrich Scholl habe den Verstand verloren. Aber sie hatten sich geirrt. Das Bad brummte, der Betreiber plante sogar einen Erweiterungsbau. Ein später Triumph für den ehemaligen Bürgermeister Heinrich Scholl, und deshalb wollte er sein Lieblingsprojekt nicht aus den Augen verlieren und beim Erweiterungsbau ein bisschen mithelfen. Er brauchte – genau wie seine Frau – eine Aufgabe im Leben. In dieser Beziehung verstanden sie sich prächtig.

Brigitte Scholl wollte heute das Haus und den Partykeller für die Silvesterfeier aufräumen, nachdem sie gestern, an ihrem Hochzeitstag, zur Kosmetik und zur Fußpflege gegangen war. Sie hatte vorgehabt, sich selbst einmal etwas Gutes zu gönnen, aber wer sie kannte, wusste, dass sie noch ein anderes Ziel hatte: Sie wollte die Konkurrenz auskundschaften. Ihr Kosmetikstudio lief immer noch gut, trotz Therme, trotz der anderen Salons im Ort und in der Umgebung, die sich Beauty- und Wellnessfarmen nannten und die sie im Stillen verachtete, weil Kosmetikerinnen heutzutage nicht mehr anständig ausgebildet wurden und billige Produkte viel zu teuer verkauften. Ihre alten Stammkunden wussten zum Glück, was sie an ihr hatten, dennoch begriff Brigitte Scholl, dass es langsam Zeit war, kürzerzutreten und sich eines Tages ganz zur Ruhe zu setzen. Das Stehen fiel ihr schwer, und ihre Hände schmerzten von den Hals- und Gesichtsmassagen, die zu ihrer Standardbehandlung gehörten. Sie hatte ihre Arbeitszeit bereits auf drei Vormittage in der Woche reduziert, und bevor sie ganz aufhörte, musste sie noch einen Salon finden, den sie ihren Kundinnen mit gutem Gewissen empfehlen konnte. Das war sie ihnen schuldig.

Erwartungsgemäß hatten die Behandlungen ihre hohen Ansprüche nicht erfüllt. Ihre Haut hatte geglänzt wie Speck, und die Preise waren viel höher als bei ihr. Das hatte sie geärgert und gleichzeitig gefreut. Zu wissen, gebraucht zu werden, unersetzbar zu sein, war ihr wichtig.

Ursus, ihr Hund, stand als Nächstes auf ihrer Tagesordnung. Um zwölf Uhr würde sie ihn ins Auto laden und mit ihm im Wald spazieren gehen. Das tat sie immer, jeden Tag, bei jedem Wetter, man konnte die Uhr danach stellen. Ihr Mann hatte sie schon oft gewarnt, es sei nicht ungefährlich, als Frau so ganz alleine im Wald herumzulaufen, zumal sie nicht einmal ein Handy besaß, aber sie lachte nur darüber. Brigitte Scholl hatte keine Angst. Sie war fast siebzig, wer sollte ihr schon etwas tun?

Heute würde der Spaziergang etwas länger dauern als sonst, denn sie hatte vor, frisches Moos zu sammeln und später daraus Gestecke zu fertigen. Das war ihr Hobby. Ihre gesamte Terrasse war mit kleinen Kunstwerken aus Moosen, Zweigen, Tannenzapfen und getrockneten Beeren dekoriert. Und nicht nur ihre. Sie verschenkte ihre Moosgestecke an Familienmitglieder, Freunde, Nachbarn und Bekannte. Heute wollte sie Maria*, einer ehemaligen Mitschülerin, die Blumenkästen herrichten. Seit Marias Mann im Sterben lag, hatte sie keine Zeit mehr, sich um diese Dinge zu kümmern. Da musste Brigitte Scholl ran.

»Bei dir sind ja noch die Osterhasen in den Blumenkästen«, hatte sie ausgerufen, als sie Maria vor ein paar Tagen besucht und festgestellt hatte, dass überall noch die alten vertrockneten Frühjahrsgestecke herumstanden. Maria waren ihre Blumentöpfe egal, aber sie widersprach nicht. Sie kannte Gitti, wie sie alle nannten, seit sechzig Jahren und wusste, wenn sie sich etwas in den Kopf gesetzt hatte, würde sie es auch durchsetzen.

Am Morgen telefonierten die beiden Frauen noch miteinander. Brigitte Scholl klang wie immer, frisch, entschieden, unternehmungslustig. Sie kündigte an, nachmittags mit dem Moos vorbeizukommen. Auch einer anderen Freundin fiel nichts Besonderes auf, als Gitti vormittags anrief, um von einem Medikament gegen Gelenkschmerzen zu berichten, das sie ihrem Mann empfehlen könne. Brigitte Scholl kannte immer die neuesten Medikamente und die besten Ärzte und empfahl sie gerne weiter. Vor dem Haus plauderte sie ein bisschen mit ihrem Nachbarn, der seinen Weihnachtsschmuck vom Haus abnahm, und machte sich kurz vor zwölf Uhr auf den Weg zum Waldspaziergang. Eine Nachbarin sah, wie sie losfuhr und dann noch einmal zurückkam und ins Haus lief, als habe sie etwas vergessen. Das nächste Mal tauchte ihr Auto in der Nähe der Therme auf. Jeder im Ort kannte Brigitte Scholls silberfarbenen Mercedes mit dem Kennzeichen TF - BS 700. TF stand für Teltow-Fläming. BS für Brigitte Scholl. Eine Frau, die gerade aus einem Fotogeschäft kam, fuhr kurz hinter ihr her.

Gegen zwölf Uhr kam Brigitte Scholl an der Siethener Straße am Ortsausgang von Ludwigsfelde an und stellte den Mercedes ab. Sie stieg aus, zog ihre Waldschuhe an, nahm den Hund an die Leine und lief tief in den Wald hinein, um Moos zu sammeln. Zwischen den hohen Kiefern verliert sich ihre Spur. Später an diesem Tag wurde nur noch ihr Auto gesehen. Es fuhr zurück in die Stadt.

Am Steuer saß ein Mann.

Heinrich Scholl sucht seine Frau

Heinrich Scholl hatte länger mit der Therme zu tun gehabt als geplant. Es war brechend voll. Die Reihe der wartenden Badegäste schlängelte sich durchs ganze Foyer. Mehr als eine Stunde war er zu spät zum Mittagessen nach Berlin gekommen und dementsprechend spät wieder in Ludwigsfelde gewesen. Seine Frau und er wollten um 16 Uhr zusammen Kaffee trinken. Um 16:15 Uhr parkte er sein Auto, einen Nissan, vor dem Haus. Der Mercedes seiner Frau stand nicht vor der Tür, auf dem Küchentisch lag kein Zettel. Sie war nicht da.

Er fragte Nachbarn, ob sie wüssten, wo sie sei, rief ihre Freundinnen an. Niemand wusste etwas, aber niemand machte sich ernsthaft Sorgen. Und so fuhr er weiter, in die Potsdamer Straße zu seinem Stammlokal Da Toni. Es befand sich im Erdgeschoss eines der fünfstöckigen Neubauten, die er in den neunziger Jahren als Bürgermeister eingeweiht hatte. Gegenüber war die Einkaufspassage, ebenfalls in seiner Zeit gebaut, und von hier waren es nur ein paar Meter bis zur dreihundertfünfzig Meter langen Autobahnbrücke, unter der er vor ein paar Jahren Prinz Charles herumgeführt hatte. Überall in der Stadt waren die Spuren seiner Bürgermeisterzeit zu sehen, Heinrich Scholl empfand immer noch Stolz darauf und lud Freunde und Bekannte gerne zu Stadtrundfahrten ein, die oft hier im Da Toni mit einem Glas Rotwein endeten.

Er begrüßte den Wirt und setzte sich auf seinen Stammplatz neben der Theke. Es war nachmittags, das Lokal war fast leer. Heinrich Scholl bestellte Rotwein und bat den Wirt um eine Zigarette. Er rauchte eigentlich nicht, Scholl war Sportler: Turner, Fußballer, Ruderer, Bergsteiger. Er hatte den Kilimandscharo und den Mont Blanc erklommen. Aber manchmal machte er eine Ausnahme. Wenn seine Frau nicht dabei war.

Ihr Leben folgte einem klaren Rhythmus und rigiden Regeln. Sie bestimmte, wie sie Weihnachten feierten, wer zu Silvester kam, wann das Laub geharkt und die Hecke geschnitten wurde, wie viele Gläser Wein er trinken durfte und wann es Zeit war, nach Hause zu fahren. Als er Bürgermeister war, hatte sie ihn mitten in wichtigen Sitzungen angerufen, um ihm Aufträge zu erteilen, und auch jetzt, da er Rentner war, hielt sie ihn auf Trab. Ständig hieß es, Heiner, hol mal dieses, bring mal jenes. Er erledigte die Einkäufe, brachte ihr Auto in die Werkstatt, mähte den Rasen, begrüßte ihre Kundinnen. Wenn ihre Freundin Inge aus Anklam anrief, holte seine Frau ihn ans Telefon, damit er Inge »Guten Tag« sagen konnte. Wie ein Kind. Vor zwei Tagen, als ihre Schulfreundin Maria vorbeigekommen war, hatte Brigitte Scholl ihren Mann gezwungen, seine morgendliche Zeitungslektüre zu unterbrechen und für Maria ein Gedicht über eine Kerze aufzusagen.

Umso mehr genoss Scholl diese kleinen Momente der

Ruhe und Freiheit im Da Toni. Hier nahm ihm der Wirt den Mantel ab und fragte: »Ein Glas Rotwein wie immer, Herr Bürgermeister?« Hier achtete man ihn.

Heinrich Scholl blieb etwa eine Stunde, unterhielt sich mit dem Wirt, der eigentlich aus Mazedonien kam, aber die Feinheiten der italienischen Küche gut beherrschte, wie Scholl fand. Sie dachten über eine Terrasse nach und einen Wintergarten, in dem man rauchen konnte. Gegen achtzehn Uhr bezahlte er und stieg wieder in sein Auto.

Draußen war es inzwischen dunkel. Die Tagesgäste der Therme kehrten in ihre Wohnzimmer zurück. In den Fenstern flimmerten Fernseher. Es war die Zeit im Jahr, in der alte Märchenfilme gezeigt wurden. Die Straßen wirkten noch ruhiger als sonst. Ab und zu knallte eine vorzeitige Silvesterrakete. In Heinrich Scholls Haus brannte immer noch kein Licht, das Auto seiner Frau stand weder vor der Tür noch in der Garage. Scholl machte sich wieder auf die Suche, diesmal entschiedener. Klingelte bei den Nachbarn, fuhr bei der Freundin vorbei, für die seine Frau das Moos sammeln wollte, und fragte einen Bekannten, der bis zur Rente als Kriminalkommissar gearbeitet hatte, ob es zu früh sei, die Polizei einzuschalten.

Der Kommissar sagte, das Beste sei, mal zu fragen, ob es irgendwo einen Unfall gegeben habe und Gitti womöglich im Krankenhaus liege. Er rief alte Kollegen an, konnte aber niemanden erreichen. Gegen zwanzig Uhr erschien Heinrich Scholl auf der Polizeiwache der Stadt, einer Baracke, die sich nur wenige Meter neben der Autobahn befand und nicht unbedingt zu den Vorzeigeobjekten Ludwigsfeldes gehörte. Der diensthabende Polizist war ein junger Mann mit Brille und Kinnbart, der nicht wusste, mit wem er es zu tun hatte. Heinrich Scholl musste ihn erst darauf aufmerksam machen, dass er bis vor drei Jahren noch Bürgermeister gewesen war. Die Sorgen um seine Frau nahm der Beamte auch nicht besonders ernst. Nach drei, vier Stunden mache man noch keine Vermisstenanzeige, sagte er. »Ihre Frau ist ein freier Bürger in einem freien Land und kann machen, was sie will.« Vielleicht sei sie ja bei einer Freundin oder einem Freund. Wie denn das Verhältnis der Eheleute so sei?

Allerdings informierte der junge Polizist später doch noch seinen Dienstgruppenleiter. Der kannte Scholl. Er ließ das Stadtgebiet nach Brigitte Scholl absuchen, untersuchte ihren Kleiderschrank nach fehlenden Sachen, guckte, ob die Zahnbürste da war. Zurück im Revier gab er eine Suchanzeige auf: »Vermisst wird Brigitte Scholl, geb. Knorrek, 67 Jahre alt, 165 Zentimeter groß, leicht untersetzt, dunkelblonde Haare, Ohrlöcher, bekleidet mit einer dunklen Wetterjacke und Stiefeln, mitgeführte Gegenstände: silbergrauer Mercedes-Benz mit dem Kennzeichen TF - BS 700 sowie ein graubrauner Cockerspaniel mit Gespann.«

Wenige Stunden später, kurz vor Mitternacht, kreiste ein Hubschrauber mit Wärmebildkamera über dem Wald. Die Ludwigsfelder, an das gleichmäßige Rauschen der Autobahn gewöhnt, fragten sich, ob etwas passiert sei, ein Verkehrsunfall vielleicht.

Heinrich Scholl lief mitten in der Nacht mit einer Taschenlampe zwischen den Bäumen umher, der Wald war dunkel und tief. Der pensionierte Kommissar, dem die Sache ebenfalls keine Ruhe mehr ließ, sah Heinrich Scholl, lud ihn ein, gemeinsam fuhren sie die Straßen ab, vom Auto keine Spur. Der Kommissar setzte Heinrich Scholl zu Hause ab und leistete ihm noch ein wenig Gesellschaft. Scholl trank Rotwein, noch mehr Rotwein, und er rauchte wieder. Gegen halb drei schlief er ein.

Drei Stunden später wurde er vom Klingeln des Telefons geweckt. Sein Sohn wollte wissen, ob seine Mutter inzwischen aufgetaucht sei, und kündigte an, sich auf den Weg nach Ludwigsfelde zu machen. Heinrich Scholl legte sich wieder hin und versuchte weiterzuschlafen. Es war kurz nach sechs, die Zeit, um die Brigitte Scholl normalerweise mit Ursus von ihrem morgendlichen Spaziergang zurückkehrte. Im Haus war es still.

Der nächste Vormittag verging mit Telefonaten und Besuchen. Ein weiterer Polizist kam vorbei und befragte Heinrich Scholl nach den Gewohnheiten seiner Frau, was sie so mache, wo sie ihre Wochenenden verbringe. Scholl erzählte von ihrem Sohn, von ihren Freundinnen, davon, dass sie an Wochenenden gerne in die Bleiche fahre, eine Wellnessfarm im Spreewald, aber in letzter Zeit kaum noch, wegen des Hundes. Der Polizist schlug vor, ihre EC-Karte sperren zu lassen und mal in der Bleiche anzurufen. Eine Streife fuhr das Waldgebiet und die Innenstadt ab.

Heinrich Scholl bat den Tierarzt, Horst Singer*, einen Freund der Familie, zusammen mit ihm nach Gitti zu suchen. Singer war Jäger, er kannte sich aus im Wald. Er wollte gleich losfahren, Heinrich Scholl lieber noch auf Frank, den Sohn, warten. Gegen zwei fuhren sie zu dritt mit dem Pick-up-Truck des Tierarztes zum Wald, an der Friedhofseinfahrt vorbei, die Landstraße Richtung Siethen entlang, bis kurz vorm Spargelfeld, genau den gleichen Weg, den Brigitte Scholl gestern auch gefahren war. Inzwischen waren mehr als vierundzwanzig Stunden vergangen, der Himmel grau wie am Tag zuvor, die Luft feucht. Die Männer trugen festes

Schuhwerk und Wetterjacken, suchten links und rechts der Waldwege nach Spuren, nach irgendeinem Zeichen, riefen ihren Namen. Gitti. Brigitte. Mutti.

Keine Antwort. Nichts.

Eine Stunde suchten sie. Der Tierarzt und der Sohn wollten schon wieder umkehren, aber Heinrich Scholl wollte noch bis zum Einsetzen der Dämmerung durchhalten und in einem anderen Waldstück suchen, in dem sie auch gern unterwegs war. Sie hatten gerade damit angefangen, da blieb Frank stehen wie vom Blitz getroffen und starrte auf den Waldboden, wo sich zwei Schuhe befanden, schwarze Frauenschuhe, ordentlich nebeneinandergestellt wie im Flurregal seiner Eltern.

»Hier ist etwas«, rief er. »Hier sind Schuhe.« Heinrich Scholl und der Tierarzt kamen näher. Zu dritt starrten sie auf die Schuhe. Der Tierarzt sondierte die Umgebung und entdeckte nicht weit von den Schuhen zwei Mooshügel. Der eine war klein und rund, der andere groß und lang. Aus dem großen schauten zwei Fußspitzen heraus, aus dem kleinen kupferfarbenes Fell.

Als Erstes war der Krankenwagen vor Ort, dann kamen die Polizei und die Spurensicherung. Heinrich Scholl musste sich übergeben und bat um ein Beruhigungsmittel. Das Gebiet wurde großflächig abgesperrt, die Spurensicherung nahm ihre Arbeit auf, die Polizei begann mit ihren Befragungen. Es gab keine Zweifel mehr – und bald wusste es die halbe Stadt: Brigitte Scholl, die Bürgermeisterfrau, war tot, beim Waldspaziergang ermordet, am helllichten Tag.

Ein Sexualmord, dachten die Leute. Ein Triebtäter geht um. Tagelang suchten Polizisten den Wald ab, flogen mit Hubschraubern über Ludwigsfelde. Eltern ließen ihre Kinder nicht mehr alleine vor die Tür, Jogger änderten ihre Laufstrecke, Gerüchte über osteuropäische Banden, die russische Mafia und Raubmörder machten die Runde. Jedes verdächtige Auto wurde gemeldet, jede unbekannte Person. Das Silvesterfeuerwerk, so schien es, fiel in diesem Jahr ein wenig leiser aus.

Heinrich Scholl wirkte abwesend, wie erstarrt. Sein Sohn war in den ersten Tagen noch bei ihm, sie besprachen die wichtigsten Dinge. Am 31. Dezember klingelte es. Ein befreundetes Ehepaar kam zur Silvesterfeier, mit Sekt und Pfannkuchen. Brigitte Scholl hatte sie eingeladen, vor einer Woche, als alles noch gut war. Sie wussten von nichts, sie standen wie Besucher aus einer anderen Zeit vor der Tür. Heinrich Scholl erklärte: Gitti ist tot und der Hund auch. Mehr könne er nicht sagen, die Polizei ermittle noch. Ein paar Tage später erschien eine Todesanzeige in der Regionalzeitung des Landkreises, die im Wesentlichen die Bitte ausdrückte, von der Öffentlichkeit in Ruhe gelassen zu werden: »In stiller Trauer. Die Urnenbeisetzung findet im engsten Familien- und Freundeskreis statt.«

Dass Brigitte Scholl ihre Beisetzung noch zu Lebzeiten vorbereitet hatte, überraschte Heinrich Scholl, seine Frau hatte ihm nichts davon gesagt. Sie wollte eine bescheidene Urnenbestattung und eine schlichte Grabplatte mit ihrem Namen darauf. Nur die engsten Freunde und Verwandten sollten kommen, Frank sollte die Rede halten. Die Anweisungen der Verstorbenen brachte ihm Herr Klotz, der Bestatter von gegenüber, vorsichtig bei. Es war eine letzte Botschaft seiner Frau, und es war keine Liebesbotschaft. Brigitte Scholl hatte darauf bestanden, die Grabstelle für sich allein zu haben, auch nach seinem Tod. Siebenundvierzig Jahre lang hatten sie Tisch und Bett geteilt, am Ende stieß sie ihn weg.

Die Trauerfeier war klein und bedrückend. Vor mehr als drei Wochen hatten sie Brigitte Scholl im Wald gefunden, und noch immer gab es keine Klarheit, was passiert war und warum. Die Polizei schien mit ihren Ermittlungen nicht weiterzukommen, die Gerüchte wurden immer wilder. Es war die Rede von einer verstümmelten Leiche, von der thailändischen Mafia, polnischen Banden und politischen Verschwörungen. Der Mörder lief frei herum, während sie hier auf dem Friedhof standen.

Frank, der Sohn, sprach unter Tränen ein paar Worte. Heinrich Scholl war blass und still, sein Kranz war der größte. Auf der Schleife stand: In Liebe, Dein Heiner.

Zwei Tage später – die Blumengebinde waren noch frisch – rückte ein Einsatzkommando vor das Holzhaus in der Walther-Rathenau-Straße 36. Als Heinrich Scholl die Tür öffnete, sah er Polizisten aus dem Ort, mit denen er in einer Fußballmannschaft spielte, neben Kripobeamten in Zivil und Männern in weißen Schutzanzügen, die den Auftrag hatten, sein Haus zu durchsuchen. Der Staatsanwalt überreichte ihm einen Haft- und Durchsuchungsbefehl. Es bestehe der dringende Verdacht des heimtückischen Mordes an seiner Frau. Heinrich Scholl konnte noch seine Tabletten und den Personalausweis einpacken. Dann wurde er abgeführt.

Fünfzig Jahre zuvor – eine Jugend in Lu

Brigitte Knorrek war die schönste Frau im Ort. Keine klassische Schönheit. Dafür waren ihre Beine ein bisschen zu kurz, ihre Nase ein bisschen zu lang und ihre Hüften ein bisschen zu kräftig. Es war eher so, dass Brigitte Knorrek auffiel. Sie leuchtete. Niemand hatte so perfekt gewellte Haare, einen so roten Schmollmund, so kunstvoll gezupfte Augenbrauen und so ein beeindruckendes Dekolleté wie sie. Vor allem aber wusste sie das. Sie lief durch die Straßen von Ludwigsfelde wie über einen Laufsteg.

Die sie sahen schwärmen heute noch von dem Mädchen im Petticoat, das hüftenschwenkend über den Rummel lief und zum Zuckerwatteessen und Autoskooterfahren einlud. Die Mädchen bekamen die Zuckerwatte, mit den Jungs fuhr sie Autoskooter. Einer nach dem anderen stieg bei ihr ein und wieder aus. Wenn ihr einer besonders gefiel, durfte er eine Runde länger sitzen bleiben. Brigitte Knorrek war eine Art Hauptgewinn.

Ludwigsfeldes Mütter warnten ihre Söhne vor dem Mädchen, aber das stachelte sie natürlich nur an. Brigitte Knorrek war nicht nur attraktiv, sondern galt auch als reich und großzügig. Ihre Eltern kamen aus Gleiwitz in Oberschlesien. Sie hatten ihren großen Friseursalon und ihr Haus zurücklassen müssen, als sie vor den Russen Richtung Westen flohen. Sie wollten nach Berlin, aber sie kamen nur bis Ludwigsfelde, Lu, wie die Leute sagten. Ein Ort zwischen märkischen Kiefernwäldern, in dem es nichts gab außer einem Bahnhof, einer Kneipe und den Trümmern des Rüstungswerkes.

Die Menschen trugen Hosen, die aus Pferdedecken genäht waren, tauschten ihre Wertsachen bei den Bauern aus den Nachbardörfern gegen Rüben und Kartoffeln, kochten Suppe aus Löwenzahn und Brennnesseln. Brigitte Knorreks Eltern aber ging es bald wieder so gut wie in Gleiwitz. Kurz nach ihrer Ankunft eröffneten sie Ludwigsfeldes ersten Frisiersalon nach dem Krieg. Er lag in einer kleinen Wohnstraße zwischen dem Bahnhof und der Autobahn. Haare müssen zu jeder Zeit geschnitten werden.

Alle gingen zu Familie Knorrek, jeder kannte die vornehme Mutter, den buckligen Vater, die strenge Tante, die rüstige Oma, die schöne Brigitte und ihre Schwester Ursula, die in Westberlin Arbeit bei einer großen amerikanischen Kosmetikfirma gefunden hatte. Die Knorreks konnten sich als Erste in der Stadt ein Auto leisten, trugen Kleider aus gutem Stoff, und wenn Brigitte Knorrek aus der Schule kam, stand immer schon eine große Schüssel Suppe auf dem Tisch.

Sie kam selten alleine, sie brachte meist Kinder mit, die Hunger hatten. Dieter, ein Junge aus dem Nachbardorf, wartete bei den Knorreks, bis seine Mutter, eine Krankenschwester, ihn in der Theaterstraße abholte. Inge, ein blasses kränkelndes Mädchen, kam jeden Tag mit zum Essen und wurde von ihrer Freundin eingekleidet wie eine Anziehpuppe. »Komm, Inge, wir probieren heute mal Sachen aus, wir wollen nach Westberlin, guck mal, ob dir was passt«, rief sie und warf alle ihre Kleider aufs Bett. Und dann war da noch Heiner, ein stiller Junge, der zwei Klassen über Brigitte Knorrek war. Er hatte es am schwersten von allen.

Heinrich Scholl lebte auf der anderen Seite der Autobahn in einem kleinen Siedlerhaus mit großem Garten. Der Garten war schön, es gab einen Apfelbaum und einen Kirschbaum, unter dem die Erwachsenen an warmen Sommerabenden mit den Nachbarn saßen, Schnaps tranken und Karten spielten. Man hätte wunderbar auf Bäume klettern und rumtoben können in diesem Garten, aber daran war in Heinrich Scholls Kindheit nicht zu denken. Er durfte den Garten nur betreten, um Rosen zu schneiden und den Rasen zu mähen. Wenn er nicht gehorchte, nahm sein Vater die Harke und haute sie ihm in den Rücken. Seine Mutter schlug ihn mit dem Stullenbrett.

Heiner war von Geburt an ein ungeliebtes Kind, geboren in jenen Wintertagen des Jahres 1943, als Hitlers Armee in Stalingrad besiegt wurde, die Luftangriffe auf deutsche Städte begannen und die Alliierten zum ersten Mal das Ludwigsfelder Rüstungswerk, in dem auch Heinrich Scholls Vater arbeitete, bombardierten. Seine Mutter war zu diesem Zeitpunkt dreiundvierzig Jahre alt, sie hatte lange auf ein eigenes Kind gehofft und, als es nicht klappte, ein Mädchen aus dem Heim adoptiert. Das Mädchen hieß Christa, war zehn Jahre alt, und es war schwierig genug, sie satt zu bekommen. Noch ein Kind passte nicht in dieses Leben, nun nicht mehr.

Heinrich Scholls Mutter war vor dem Krieg Verkäuferin an der Käsetheke im Kaufhaus des Westens in Berlin gewesen und trug Pelzmäntel und Hüte wie die Kunden, denen sie den Käse verkaufte. Ihr Mann hatte als Dreher bei Daimler in Berlin gearbeitet. Sie hatten ein gutes Leben geführt, bis Erich Scholl 1936 ins Flugmotorenwerk nach Ludwigsfelde versetzt worden war. Sie bekamen zwar ein neues Haus mit Garten, aber der Ort war ein Kaff, und der einzige Grund, herzuziehen, das große Werk, lag neun Jahre nach ihrer Ankunft in Trümmern. Erich Scholl hatte keine Arbeit mehr, das Haus mussten sie sich mit der Familie seiner Schwägerin teilen, die aus Schlesien geflohen war. Zu neunt wohnten sie in einer Stube, einer Küche und zwei Dachkammern.

1948 fand Heinrich Scholls Vater endlich Arbeit in einer Zeche im Erzgebirge, wo Uran abgebaut wurde, aber es war die schlimmste Arbeit, die man sich vorstellen konnte. Zwei Jahre hielt er in den lichtlosen, nasskalten Schächten unter Tage durch. Als er zu seiner Familie nach Ludwigsfelde zurückkam, war aus dem großen, stattlichen Mann ein hustender, saufender Tyrann geworden, der seine Frau anschrie und seinen Sohn verprügelte.

Heinrich Scholls früheste Kindheitserinnerung ist der Tag, an dem er im Garten seines Elternhauses ausrutschte und in die Jauchegrube fiel. Er konnte sich gerade noch so festhalten und auf allen vieren zurück auf die Wiese kriechen. Er stank wie die Pest, ihm war schlecht. Sein Vater fand ihn neben der Grube im Gras, und vielleicht war es das letzte Mal, dass Heinrich Scholl hoffte, er werde getröstet werden wie andere Kinder, wenn ihnen etwas Schlimmes passiert war. Die Schläge seines Vaters hat er nie vergessen. Als Erich Scholl starb, wenige Jahre später, vergoss sein Sohn keine Träne.

Er hatte keine Erwartungen an seine Eltern, er wunderte sich nicht über ihre Härte, ihre Ignoranz, er dachte, er sei ein schlechter Junge, er habe keine bessere Behandlung verdient.

Als er acht Jahre alt war, brachte seine Adoptivschwester Christa einen Sohn zur Welt, sie nannte ihn Gerhard, und aus Gründen, die Heinrich Scholl nicht verstand, bekam dieses neue Kind all die Aufmerksamkeit und Liebe, die ihm nie zuteilgeworden war. Seine Mutter nahm den kleinen Gerhard auf den Arm, wenn er weinte, drückte und küsste ihn, wenn er hinfiel und sich weh tat. Er hatte sich im Kindergarten mit Kinderlähmung angesteckt, er fiel oft hin und schrie wie am Spieß, und immer war es Heinrich Scholl, der die Schuld bekam.

Er ging zur Schule, musste sich um den Garten, den Haushalt und nun auch noch um den kranken Jungen kümmern. Wenn Gerhard endlich schlief, kam seine Mutter von ihrer Arbeit im Konsum nach Hause und schüttete ihrem Sohn wortlos die Lebensmittelmarken auf den Tisch, mit denen ihre Kunden die Ware bezahlt hatten. Heinrich Scholl musste sie mit Mehlkleister auf Zeitungspapier kleben, bis tief in die Nacht. Sein Freund Hans erinnert sich, wie Heinrich Scholl manchmal bei ihm vor der Tür stand. »Er hat nicht geklingelt, sondern einfach auf der Straße gewartet, bis ich ihn entdeckt habe.« Als er ihn zum Baden abholen wollte, schrie Heinrich Scholls Mutter durchs Haus: »Du gehst nirgendwohin, bevor nicht der Rasen gemäht ist.«

Die Schule war der einzige Ort, an dem sich Heinrich Scholl sicher fühlte. Die Lehrer waren freundlich zu ihm, sie mochten den Jungen, der so klug, so fleißig und pflichtbewusst war. Er war gut genug, um nach der achten Klasse auf die Oberschule zu gehen, aber seine Mutter sagte, das käme nicht in Frage. Sie wollte, dass ihr Sohn einen Beruf erlernte und Geld verdiente. Karosserieklempner sollte Heinrich Scholl werden. Es war das erste Mal, dass er seiner Mutter widersprach. Er wollte nicht Karosserieklempner werden. Er war klein und schmal und konnte gut malen. Sein Schulleiter bestellte Heinrich Scholls Mutter in sein Büro und sagte ihr, ihr Sohn sei viel zu klug, um nach der achten Klasse abzugehen. Sie sagte, das sei ihr egal, er müsse Geld verdienen, alleine könne sie nicht das Haus erhalten. Der Schulleiter versprach ihr Schulgeld. Einhundertfünfzig Mark jeden Monat. Damit war sie einverstanden.

Das Leben von Brigitte Knorrek war im Vergleich zu Heinrich Scholls paradiesisch. Gitti, wie alle sie nannten, war die Jüngste in der Familie, das Nesthäkchen. Sie hatte ihr eigenes Zimmer und bekam von ihrer Schwester aus Westberlin die schönsten Kleider und immer ein paar Westmark zugesteckt. Die Wohnung der Familie befand sich auf der gleichen Etage wie der Frisiersalon, schon im Hausflur roch es nach frischer Seife, und wenn Gittis Mutter Heinrich Scholl sah, rief sie: »Hallo, Heiner, wie geht es dir? Hast du Hunger?«

Frau Knorrek war eine große Frau mit strengen Gesichtszügen, die ihren Laden alleine schmeißen musste, weil ihr Mann, der Herr Friseurmeister, zwar klein, alt und bucklig war, aber immer noch gerne anderen Frauen nachstellte und die Einnahmen im Gasthaus vertrank. Sie mochte den kleinen hilfsbereiten Jungen, der so anders war als ihre verwöhnte Tochter, die ohne zu fragen Geld aus der Geschäftskasse nahm und die halbe Klasse auf den Rummel einlud. Heiner machte es nichts aus, im Salon zu helfen, den Fußboden zu wischen, die Kohlen aus dem Keller zu holen. Er kam bald jeden Tag zu den Knorreks, und weil er für seine Hilfsdienste immer ein paar Mark zugesteckt bekam, die er zu Hause abgab, hatte seine Mutter nichts dagegen.

Außer Gitti und ihrer Mutter lebte noch die Oma mit im

Haushalt, und Gittis Tante Anni kam auch oft vorbei, allesamt starke, energische Frauen, die in den schweren Kriegstagen gelernt hatten, sich nur auf sich selbst zu verlassen, und kein Blatt vor den Mund nahmen. Gitti, im September 1944 geboren, kannte die Kriegsgeschichten nur aus den dürftigen Erzählungen ihrer Mutter. Sie hatte keinerlei Erinnerungen an den Frisiersalon in Gleiwitz und die Flucht Richtung Westen. Ihr Zuhause war das Geschäft in Ludwigsfelde mit seinen Hebestühlen und Hauben, den glattrasierten Herren und den dauergewellten Damen. Eine kleine überschaubare Welt, in der sie wie eine Königin das Zepter schwang. Gitti war direkt, forsch, kompromisslos. Sie fragte nicht, ob sie etwas durfte, sondern machte es einfach und konnte es nicht ausstehen, wenn man ihr widersprach. Wenn Heiner seinen Freund Hans mit zum Essen brachte, kam es vor, dass sie ihn wieder nach Hause schickte, weil ihr sein Hemd nicht gefiel. Ihren Freundinnen erklärte sie, wie sie ihre Haare zu tragen hatten, und wer nicht auf sie hörte, hatte es schwer. Ein Mädchen, das mit Gitti in eine Klasse ging und von ihr vergeblich darauf aufmerksam gemacht wurde, dass ihr Dutt und ihr zur Seite gekämmter Pony nicht zueinander passten, hieß von da an nur noch »Frau Hitler«.

Heinrich Scholls bester Freund Hans konnte Gittis Allüren nicht ausstehen und kam nicht mehr zu ihr zum Essen. Auch einige Mädchen aus ihrer Klasse hielten Distanz, weil sie sich nicht zurechtweisen lassen wollten. Aber die meisten störte Gittis Art nicht. »Sie war eben so. Wenn sie gesagt hat, der Pullover ist blau und nicht rot, dann war es eben so. Aber das hat sie ja nicht böse gemeint«, sagt ihre Freundin Inge.

»Sie war überhaupt nicht zickig, sie war ein echter Kumpel«, sagt einer von Brigitte Scholls Schulfreunden und erzählt, wie sie in der zehnten Klasse zusammen zum Haus ihres Chemielehrers zogen, um sich von ihm die Prüfungsaufgaben geben zu lassen. »Und wer hatte sich das ausgedacht? Wer war ganz vorne? Brigitte!« Er wisse nicht mehr, wie es ausgegangen sei, sagt der Schulfreund, aber an ihre Furchtlosigkeit, an die erinnere er sich noch gut.

Der Friseursalon wurde Heinrich Scholls zweites Zuhause. Er fühlte sich wohl zwischen den starken Frauen, die sich für seine Dienste bedankten, immer einen Teller Suppe für ihn übrig hatten und sich sogar um ihn kümmerten, wenn er krank war. Sein Bauch tat oft weh, und Gittis Mutter behandelte ihn mit Rollkuren. Sie kochte ihm eine Kanne Kamillentee, umwickelte ihn mit heißen Tüchern und drehte ihn vom Bauch auf den Rücken und zurück, bis es ihm wieder besserging.

Er war immer noch Gittis Schulfreund, der arme Junge mit dem schlimmen Elternhaus, aber nach dem Tod des buckligen Herrn Knorrek rutschte Heinrich Scholl unmerklich in die Rolle des Mannes im Haus. Gittis Mutter überließ ihm mehr und mehr handwerkliche Arbeiten und fragte ihn mitunter sogar wegen ihres Salons um Rat. Heinrich Scholl war fleißig, klug und unkompliziert wie ein guter Hausgeist. Nur welche Beziehung der Hausgeist zur Haustochter hatte, war niemandem so richtig klar, wahrscheinlich nicht einmal den beiden selbst.

Er half ihr bei den Mathehausaufgaben. Sie zeigte ihm, wie man Deckchen bestickt und einen Schal strickt. Im Sommer fuhren sie mit den Rädern zur Kiesgrube zum Baden oder sonnten sich auf der verwaisten Autobahn. Wenn Brigitte Knorrek Besuch von einem ihrer Verehrer bekam, verschwand sie mit ihm in ihrem Zimmer, und Heinrich Scholl spielte in der Zeit mit ihrer Freundin Inge eine Runde Mensch-ärgere-dich-nicht vor der Tür. Oder zwei. Bis Gitti und ihr Verehrer wieder rauskamen.

»Gitti und Heiner waren wie Kinder miteinander, das war kein richtiges Liebesverhältnis, wobei er sich schon ein bisschen Liebe gewünscht hätte«, sagt Dieter Fahle aus dem Nachbarort. »Der Heiner ist bei den Knorreks einfach immer mit rumgelaufen. Er hatte ja ein dummes Zuhause. Heute würde man sagen, er war milieugeschädigt.«

Brigitte Scholls Freundin Inge sagt: »Sie haben sich schon immer gut verstanden, der Heiner und die Brigitte. Aber der Heiner kam ja für die meisten Mädchen nicht in Frage, weil er so klein war.«

Heinrich Scholl sagt: »Gittis Liebhaber waren eine andere Klasse als ich. Aber manchmal durfte ich auch sexuell aushelfen. Ich war zwar klein, aber ein guter Turner und der einzige von ihren Männern, der es geschafft hat, heimlich vom Hof aus in ihr Zimmer zu klettern.«

Gitti hatte viele Liebhaber. Einer hieß Wolfgang und wartete jeden Abend am Bahnhof in Teltow auf sie. Er machte dort eine Lehre zum Elektromechaniker, sie half in einem Kosmetiksalon aus. Mit dem Rad fuhr Wolfgang von Ludwigsfelde nach Teltow, mit der Bahn zurück, nur um mit Gitti fahren zu können. Punkt 19 Uhr fuhr der Zug, ein alter mit einer Dampflok und Holzsitzen, ab. Um 19.20 Uhr kam er in Ludwigsfelde an. Sie hatten nur zwanzig Minuten, aber die hatten sie für sich alleine, die Schichtarbeiter nahmen einen früheren Zug. In Ludwigsfelde angekommen, ordneten sie ihre Kleider, dann setzte sich Gitti auf die Stange von Wolfgangs Rad und ließ sich von ihm nach Hause in die Theaterstraße fahren.

Manfred Schlögel, den alle nur Schnuppi nannten, lernte Gitti am Siethener See kennen. Er war drei Jahre älter als sie, ein großer Kerl mit breiten Schultern. Wenn er mit seiner 350er Java über die Potsdamer Straße schoss, drehten sich die Leute um, und erst recht, wenn Gitti in kurzem Rock hinter ihm saß. Schnuppi gehörte dem gleichen Ruderklub an wie Heinrich Scholl und seine Freunde. Sie saßen alle in einem Boot, der starke Schnuppi am Arbeitsriemen in der Mitte musste für Tempo sorgen, der kleine Heiner am Schlag den Rhythmus vorgeben.

Gitti saß auf einer Decke am Ufer und schaute zu.

Wenn der Tag sich dem Ende zuneigte und die Männer aus dem Boot stiegen, wurde getrunken und gefeiert, und wer alleine sein wollte, ließ sich von Gittis Schulfreundin Maria die Schlüssel für den Bungalow ihrer Mutter auf dem Nachbargrundstück geben. Manchmal kam es vor, dass Marias Mutter völlig unverhofft auftauchte, dann mussten Gitti und Schnuppi schnell in den See springen und zurück zum Bootshaus schwimmen.

Schnuppi besaß außer dem Motorrad noch ein Paddelboot mit Unterstand, das war ein sichererer Treffpunkt als der Bungalow, aber bald war der Sommer vorbei, und im Winter blieb nur Gittis kleines Zimmer neben dem Salon, wo jederzeit ihre Mutter reinplatzen konnte. Eines Abends sagte Gitti zu Schnuppi, sie müsse ihm was sagen, sie sei jetzt mit Ulli, dem Zahnarztsohn, zusammen.

»Sie hat mich abblitzen lassen, aus heiterem Himmel«, sagt Manfred Schlögel. »Es gab überhaupt keinen Grund. Aber so war sie eben, meine Mutter hatte mich ja gewarnt.«

Der Sommer ’61

Der nächste Sommer kam, es war der Sommer des Jahres 1961. In Ludwigsfelde gab es jetzt ein Klubhaus und Wohnhäuser im Zuckerbäckerstil wie auf der Stalinallee in Berlin. Die Trümmer des alten Daimlerwerkes waren geräumt und ein neues Werk eröffnet worden, in dem Zwanzig-Zylinder-Motoren, das erste Düsenflugzeug der DDR und ein Motorroller namens »Wiesel« gebaut wurden. Die halbe Stadt arbeitete hier.

Schnuppi war Dreher in Halle 8, Heinrich Scholl machte mit Assi, wie er seinen Freund Hans nannte, eine Lehre zum Werkzeugmacher. Auch Frauen wurden gesucht, aber Fabrikarbeit war nichts für Gitti. Sie wollte Kosmetikerin werden und überredete ihre Freundin Inge mitzumachen. Das einzige Institut, das Kosmetikerinnen ausbildete, befand sich in Dresden und kostete 3000 Mark pro Ausbildungsplatz.

Frau Knorrek bezahlte für Gitti, ohne zu zögern. Inges Eltern konnten sich die teure Schule nicht leisten. Ihre Wege trennten sich.

Es wurde der Sommer der Trennungen. Aber noch ahnte

das niemand. Noch waren die Tage lang und heiß und hoffnungsvoll. Die Jungs vom Siethener See hatten die Schule beendet und beschlossen, sich in Bansin an der Ostsee zu treffen, auf dem größten Campingplatz der DDR. Die Mädchen blieben in Ludwigsfelde. Gitti hatte von ihrem neuen Freund einen Hund geschenkt bekommen, einen kleinen braunen Cockerspaniel. Und Zelten war sowieso nichts für sie.

Heiner und Assi fuhren mit der S-Bahn bis zur Endstation Oranienburg und von dort mit ihren Rädern immer die B96 hoch. Mitten in der Nacht kamen sie in Bansin an. Sie hatten bei einem Bauern fünfzig Mark verdient, einen Seesack mit Konserven und einem Spirituskocher mit der Post vorgeschickt und ein ausgeklügeltes System entwickelt, um drei Wochen zu überleben. Von Urlaubern, die abreisten, sammelten sie die Reste ein: Sonnenöl, Bierflaschen, Konserven. Von Mädchen, die in den Küchen der Hotels arbeiteten, bekamen sie Brot, Käse, Bierschinken oder was sonst so von den kalten Buffets übrig blieb. Es funktionierte gut. Sie wurden satt, schwammen in der Ostsee und flirteten mit den Küchenmädchen. In der Erinnerung von Heinrich Scholl und seinem Freund war jeder Tag in Bansin sonnig und heiß.

Schnuppi, Gittis verflossene Liebe, kam ein paar Tage nach Heinrich Scholl in Bansin mit seinem Motorrad an, es war der 30. Juli 1961, das weiß er noch genau. Abends ging er ins Bierzelt. Hunderte Jugendliche saßen dort an langen Tischen. Schnuppi setzte sich zu zwei Jungs, die Gitarre spielten. »Tutti Frutti und so«, sagt er. »Die ganze schöne Westmusik.«

Die Gitarrenspieler lockten immer mehr Bierzeltbesucher an, darunter auch eine Gruppe junger Männer mit Glatzen. Schnuppi kannte die »Glatzis«, wie alle sie nannten, vom

Strand. Einer von ihnen war Friseurlehrling und hatte seinen Freunden »einen Urlaubsschnitt« verpasst. Manfred Schlögel, Schnuppi, sagt, sie seien eigentlich ganz harmlos gewesen.

Die Jungs mit den Glatzen begannen zu tanzen, zwischen den Bänken und auf den Tischen. »Runter vom Tisch«, schrie der Wirt. Die Glatzköpfe lachten und tanzten weiter. Der Wirt holte den Abschnittsbevollmächtigten, der ABV holte ein Überfallkommando. Die Glatzköpfe trugen plötzlich Hüte und waren in der Menge verschwunden, einer wurde geschnappt und abgeführt. »Lasst den frei«, riefen Schnuppi und seine Freunde. Die Polizisten holten ihre Schlagstöcke raus. »Arbeiter schlagen Arbeiter!«, rief Schnuppi. Für jeden Satz, sagt er, habe er später ein Jahr bekommen.

Er wurde auf einen LKW geworfen, in eine Zelle nach Heringsdorf gebracht, am nächsten Morgen wieder entlassen und ein paar Stunden später, als er eigentlich nur noch seinen Personalausweis auf der Zeltplatzwache vorzeigen sollte, wieder festgenommen. Die Polizei wusste offensichtlich nicht, wie sie mit ihm umgehen sollte, und Manfred Schlögel hatte keine Ahnung, was ihm blühte. »Meine schlimmste Befürchtung war, dass wir im Werk nicht den Titel ›Brigade der sozialistischen Arbeit‹ verliehen bekommen. Ich war so was von naiv. Ich habe dem Wärter gesagt, er solle doch mal seinen Chef bitten, sich ein bisschen zu beeilen, weil mein Urlaub doch bald zu Ende sei. Außerdem wäre ich im B-Kader der Rudernationalmannschaft und müsse bei den Meisterschaften um das Blaue Band der Warnow kämpfen. Ich werde nie vergessen, wie der mich angeguckt hat.«

Am 9. August 1961 wurde Manfred Schlögel in Rostock verhört, vier Tage und vier Nächte lang bis zum 13. August. Das war ein Sonntag, auch das weiß er noch. »Am Montag ist der Vernehmer wie ein Rumpelstilzchen vor uns rumgetanzt und hat gesagt: ›Keiner von euch kommt mehr nach Berlin. Wir haben eine Mauer gebaut für Elemente wie euch.‹«

Heinrich Scholl und sein Freund Hans hatten von alldem nichts mitbekommen. Der Zeltplatz war groß, das Bierzelt zu teuer für sie, sie hatten mit ihren kleinen täglichen Überlebenskämpfen zu tun, gingen baden und trafen abends die Mädchen aus der Küche. Erst als sie wieder mit der S-Bahn durch Berlin nach Ludwigsfelde fuhren, sahen sie aus dem Fenster, wie Soldaten am Bahnhof Friedrichstraße Stacheldraht ausrollten. Sie hätten noch rüberspringen können, sagt Heinrich Scholl, aber auf diese Idee sei er damals gar nicht gekommen.

Manfred Schlögel wurde »wegen staatsgefährdender Akte und Bandenbildung« zu viereinhalb Jahren Haft in Bautzen verurteilt. Brigitte Knorrek war die Einzige, die ihm Pakete ins Gefängnis schickte, gefüllt mit Wurst, Schinken, Marmelade. Nur Essen war erlaubt. Als Manfred Schlögel entlassen wurde und zurück nach Ludwigsfelde kam, war sie verheiratet und hatte einen Sohn.

Hochzeit

Es ist schwer zu sagen, wie genau Brigitte Knorrek und Heinrich Scholl ein Paar wurden. Fest steht nur, es ist keine besonders romantische Geschichte.

Gitti war erst zwanzig, aber die unbeschwerten Zeiten, in denen Freunde bei ihr ein und aus gingen, sie mit Inge ins Kino zum Potsdamer Platz fuhr oder auf Schnuppis Java die Straßen unsicher machte, waren vorbei. Um Westberlin war eine Mauer gebaut worden. Inge wohnte in einer Stadt im Norden, war verheiratet und hatte ein Kind. Schnuppi saß im Knast.

Im Mai 1964 kam Brigitte Knorreks Sohn auf die Welt. Der Vater war ein großer, gutaussehender Mann aus Kleinmachnow, Gittis Typ, sie hatte ihn beim Tanzen getroffen, er besuchte sie ein paarmal, aber bald interessierte er sich für eine andere. Frau Knorrek, die Katholikin war und um ihren guten Ruf im Ort fürchtete, war außer sich. Es gab nur eine Möglichkeit, den Schaden zu begrenzen: Ihre Tochter musste heiraten. An dieser Stelle kam der tüchtige Heinrich ins Spiel. Er war jetzt zweiundzwanzig Jahre alt, hatte seine Lehre als Werkzeugmacher beendet, studierte an der Ingenieurschule in Riesa, einer Industriestadt an der Elbe, stand aber immer noch unter der Fuchtel seiner Mutter. Die jammerte, er werde sie alle noch in den Ruin treiben, und verlangte von ihm, in jeder freien Minute zu arbeiten und Geld zu verdienen.

Am besten bezahlt waren die Nachtschichten am Tiefofen im Stahlwerk Riesa. Fünfzig Mark bekam er, wenn er acht Stunden lang glühend heiße Kokillen aus dem Ofen zog und abklopfte. Vom Werk lief er zum Bahnhof, fuhr ohne zu schlafen nach Ludwigsfelde, wo die nächsten Aufgaben auf ihn warteten. Er half Frau Knorrek im Salon, schleppte Kohlen für die Nachbarn, und wenn er abends noch Zeit hatte, malte er Landschaftsbilder in Öl von Postkarten ab, die er an Leute im Ort verkaufte. In den Sommerferien arbeitete er im Indianerkostüm als Statist für Gojko-Mitić-Filme. Jeden Pfennig, den er verdiente, gab er bei seiner Mutter ab. Sie sagte nie danke.

An einem Wochenende, als er gerade wieder von einer Nachtschicht am Tiefofen kam, verkündete sie ihm, sie werde das Haus verkaufen und mit dem kleinen Gerhard nach Westberlin ziehen. Dessen Mutter, Christa, hatte einen Amerikaner kennengelernt, mit dem sie nach Oklahoma auswandern wollte. Alles war bereits geplant, Elfriede Scholl war gerade Rentnerin geworden und hatte einen Ausreiseantrag gestellt, das Haus sollte ein Onkel bekommen, Heinrich Scholl die kleine Kammer unter dem Dach behalten. Sie fragte ihren Sohn nicht nach seiner Meinung.

Heinrich Scholl wusste nicht, was er sagen sollte. Dass sie ihn nicht liebte, war ihm nicht neu, er war lediglich überrascht, dass sie ohne ihn leben konnte. »Mein ganzes Tun war bis dahin immer nur darauf aus gewesen, dass ich Geld für sie verdiene. Ohne mich und meine Zusatzverdienste ging es nicht.«

Elfriede Scholl verschwand einfach aus seinem Leben, ohne große Abschiedsszenen, ohne Tränen. Er hatte keinen Vater mehr, keine Mutter und auch kein Zuhause. Wenn er am Wochenende aus Riesa nach Ludwigsfelde kam, stieg er in die Dachkammer seines Elternhauses wie ein Fremder. Sechs Quadratmeter waren ihm geblieben. Die anderen Räume durfte er nicht betreten, auch den Garten nicht.

Am Wochenende blieb er nun oft in Riesa und vertrank das Geld aus der Nachtschicht im Stahlwerk in der Hafenschenke oder in Merzdorf beim Tanz. Bei den Ortsansässigen waren die Studenten nicht besonders beliebt, bei den Mädchen schon. Und Heinrich Scholl besonders, er war der beste Tänzer. Twist und Boogie und Rock 'n' Roll, er konnte alles, drehte sich in den Hüften wie Elvis Presley, warf die Mädchen in die Luft und fing sie wieder auf.

Mit einem Mädchen tanzte er oft. Ihr Vater arbeitete im Stahlwerk, sie in der Baumwollspinnerei. Nach dem Tanz ging er manchmal mit ihr nach Hause. Sie wurde schwanger, fast zur gleichen Zeit, als Brigitte Scholl schwanger wurde, und brachte einen Sohn zur Welt, genau wie sie.

Eine Woche nach der Geburt trennte sich Heinrich Scholl von der Mutter seines Sohnes. Er hat ihn nie gesehen. Er kennt nicht einmal seinen Namen, sagt er. Das Mädchen habe das verstanden. »Wir haben uns ganz vernünftig geeinigt. Das Amt hat festgelegt, was ich an Alimenten zahlen muss. Das habe ich monatlich überweisen lassen, bis zum 18. Lebensjahr.« Sie hätten einfach nicht zueinander gepasst. Ihre Eltern seien sehr grobschlächtig gewesen, sagt er, beide hätten getrunken. Sie erinnerten ihn an sein eigenes Zuhause, es war das Leben, vor dem er zu fliehen versuchte.

Eine von Brigitte Scholls Freundinnen sagt, das Mädchen sei damals zum Leiter der Ingenieurschule gegangen und habe sich beschwert, vom Vater ihres Kindes sitzengelassen worden zu sein. Die Schule habe Druck auf Heinrich Scholl ausgeübt, das Mädchen zu heiraten, das wollte er nicht, deswegen habe er lieber schnell Gitti geheiratet.

Sein bester Freund Hans weiß nur, dass alles ganz schnell gegangen ist. »Heiner kam kurz vor den Weihnachtsferien an und hat gesagt: Ich bin jetzt mit Brigitte zusammen. Wir werden heiraten.« Seine Reaktion war: »Das kannst du doch nicht machen, du weißt doch, wie sie ist.« Hans Streck hätte es keinen einzigen Tag mit Gitti ausgehalten, und er verstand nicht, dass sich sein kluger Freund eine Frau nahm, die nichts anderes als eine jüngere Version seiner Mutter war. Aber Heinrich Scholl schienen die Einwände nicht zu erreichen. Sein Freund sagt, dass Heiner damals wahrscheinlich nach einem Zuhause gesucht hat, dass er eine Familie wollte. »Er hatte ja niemanden mehr. Sein Vater war tot, seine Mutter im Westen, sein Onkel war gemein zu ihm.«

Brigitte Scholls Freundin Inge sagt, die Ereignisse hätten sich nur so überschlagen. »Sie war schwanger. Dann wurde sie von Franks Vater sitzengelassen, oder sie hat ihn sitzenlassen, das weiß ich nicht genau. Sie war jedenfalls zufrieden, als der Heiner sie genommen hat. Sie hatte ja nun den Frank, und der war gut aufgehoben bei Heiner.«

Heinrich Scholl sagt, als sie schwanger war, habe er ihr mal angedeutet, dass er zur Verfügung stehe, und dann, ein paar Wochen später, habe sie ihn gefragt, und er habe ja gesagt. »Wir haben uns gekannt. Wir wussten, wie wir sind, sie konnte sich voll auf mich verlassen. Sie brauchte einen Vater für Frank. Es war das Praktischste.«

Hat er Gitti geliebt?

»Ich weiß es nicht«, sagt er. »Ich habe sie auf jeden Fall sehr gemocht, aber wir haben uns das nie gesagt. Wir waren nicht so. Wir brauchten das nicht.«

Die Hochzeit von Brigitte Knorrek und Heinrich Scholl fand am 28. Dezember des Jahres 1964 statt. Es gab kein rauschendes Fest, keine Gästeliste, keine Kutsche, kein weißes Kleid. Die wenigsten wussten überhaupt davon.

Der Termin richtete sich nach den Einreisebestimmungen der DDR. Zwischen Weihnachten und Silvester des Jahres 1964 sollte es das erste Mal seit dem Bau der Mauer Passierscheine geben, mit denen Westberliner für ein paar Stunden nach Ostberlin einreisen durften. Heinrich Scholl wollte, dass seine Mutter dabei war. Er hatte sie nicht gesehen, seit sie Ludwigsfelde verlassen hatte, und er hoffte, dass sie stolz auf ihn wäre, nun, da er Brigitte Knorrek, die Friseurtochter, erobert hatte.

Am Morgen des 28. Dezember fuhren sie mit der S-Bahn nach Ostberlin. Das Baby hatten sie bei ihrer Mutter in Ludwigsfelde gelassen. Es war ein kalter Tag. Sie trug ein dunkles Kostüm, er einen Anzug. Am Bahnhof Friedrichstraße holten sie Heinrich Scholls Mutter ab. Sie brachte den kleinen Gerhard mit, der inzwischen ein Teenager war. Sie standen sich gegenüber, im geteilten Berlin, von Grenzsoldaten und aufgeregten Menschen mit Taschen und Koffern umgeben. Eine Mutter, ihr Sohn, seine junge Braut. Es war der Moment, auf den Heinrich Scholl gewartet hatte. Er hatte gedacht, dass vielleicht etwas passieren, sich der Knoten lösen würde.

»Sie kamen aus dem Tränenpalast«, sagt er, »der Gerhard

und diese kleine Mutti mit ihrem Mantel und ihrem Pelzkragen. Ich habe sie umarmt und geküsst. Aber von ihr kam nichts. Sie hat mich einfach nicht gemocht. Ich hab das weggesteckt. Was soll's.«

Bei der Trauung im Standesamt am Alexanderplatz hing ein Bild von Walter Ulbricht an der Wand, der Standesbeamte erzählte etwas von der Bedeutung der sozialistischen Familie für die sozialistische Gesellschaft. Sie sagten »Ja«, tauschten die Ringe aus, küssten sich. Danach liefen sie in ihren dünnen Mänteln über die Stalinallee zum Café Moskau. Das Café Moskau war das modernste Haus in Ostberlin. Der Gastraum war hell und leer, die Preise hoch, der Kellner unfreundlich. Er nahm die Bestellung auf, brachte Essen und Getränke, sie waren bald satt, konnten aber noch nicht gehen. Der Passierschein galt für den ganzen Tag.

»Es war schrecklich«, sagt Heinrich Scholl. »Ständig kam der Kellner an unseren Tisch und hat gefragt, ob wir noch was wollen. Wir mussten uns dort den ganzen Tag um die Ohren schlagen und konnten nicht rausgehen. Dafür war es viel zu kalt.« Als es endlich Abend geworden war, brachten sie Gerhard und seine Mutter zum Bahnhof Friedrichstraße und fuhren nach Ludwigsfelde zurück. Heinrich Scholl ging an diesem Abend nicht in die Kammer seines Onkels zurück. Er schlief mit Gitti in ihrem Kinderzimmer, nebenan lag ihr kleiner Sohn.

Er hatte ein Zuhause.

Die Mutprobe

Als Heinrich Scholl nach den Weihnachtsferien zurück nach Riesa kam, trug er einen Ring am Finger. Sonst war alles wie immer. Sein Zimmer befand sich in einer alten Baracke mit drei Doppelstockbetten, drei Schränken und einem Tisch in der Mitte. Er teilte es sich mit fünf anderen Männern und jeder Menge Ungeziefer, darunter Mäusen, die sie fingen, in alte Rollmopsgläser sperrten und mit Essensresten fütterten.

Heinrich Scholl studierte, arbeitete nachts im Stahlwerk, musste aber das Geld nicht mehr bei seiner Mutter abgeben, sondern konnte es selbst behalten. Er war ein sparsamer Mensch, es machte ihm nichts aus, in der Baracke zu schlafen, Wurst aus Konserven zu essen und abends mit den anderen Studenten in der verrauchten Hafenschenke ein Bier zu trinken.

Gitti war da anders. Der Friseurtochter mit der Schwester im Westen war nichts genug, und das zeigte sie gerne vor anderen. Ein einziges Mal nur kam sie zu Besuch nach Riesa. Es war ein Desaster. Dabei hatte Heinrich Scholl alles vorbereitet, wartete mit Blumen am Bahnhof auf sie, schlenderte mit ihr durch die Stadt, zeigte ihr das Rathaus, das Hotel »Sachsenhof« und die Elbe. Er wollte ihr etwas bieten, ihr seine Welt vorstellen. Riesa war zwar eine Arbeiterstadt wie Ludwigsfelde, aber größer und weltstädtischer. Es gab einen Hafen, wo Schiffe ankamen und ablegten, eine alte Innenstadt und viele junge Leute, die mit ihm zusammen studierten. Er kannte sich aus, auf der Straße wurde er gegrüßt, aber Gitti spielte feine Dame und ließ sich durch nichts beeindrucken.

Ihr großer Auftritt kam, als Heinrich Scholl abends mit ihr und seinem Freund Hans in sein Stammlokal, die Hafenschenke, gehen wollte. Gitti sah den verrauchten Raum und die Männer mit ihren Bierkrügen, drehte sich auf dem Absatz um und sagte: »In diese Kneipe gehe ich nicht.«

Sie bestand darauf, im teuersten Haus der Stadt, dem Sachsenhof, einzukehren, und lud ihren Mann und seinen Freund mit großzügiger Geste ein. Beim Essen erklärte sie Hans, dass man Kartoffeln nicht quetscht, sondern höchstens mit der Gabel leicht zerdrückt. »Assi, das kannst du doch nicht machen, wenn das jemand sieht«, sagte sie. Hans Streck erinnert sich noch fünfzig Jahre später an die Begebenheit, so seltsam fand er das Verhalten von Brigitte Scholl. Aber seltsam war auch, wie Heinrich Scholl darauf reagierte. Er saß da und sagte kein Wort.

Heinrich Scholl war anders, wenn er mit seiner Frau zusammen war, kleinlaut, fast devot. Das war schon früher so gewesen, als sie noch zur Schule gingen. Aber jetzt fiel es mehr auf. Vielleicht, weil Heinrich Scholl sonst ganz anders war: selbstbewusst, frech, mutig, jemand, der vor nichts Angst zu haben schien.

Einmal wollten die Jungs aus seiner Baracke abends zusammen Bier trinken. Jeder sollte ein paar Mark dazugeben, aber Heinrich Scholl hatte kein Geld und musste sich etwas einfallen lassen. Eine Wette. Er schaute auf die Gläser, in denen sie die Mäuse gefangen hielten, und da wusste er, wie er zu seinem Bier kommen würde. Zwei Kästen Bockbier versprachen ihm seine Mitbewohner, wenn er einer Maus den Kopf abbeißen würde. Sie glaubten nicht, dass er sich das trauen würde. Heinrich Scholl holte eine Maus aus dem Glas, hielt sie fest, schloss die Augen und biss zu.

»Ich habe alles gemacht«, sagt Heinrich Scholl. »Ich war ein Junge, der sich immer beweisen musste.«

Es war eine Seite an ihm, die Menschen, die ihn kannten, bewunderten, aber auch ein wenig unheimlich fanden. So unheimlich, dass sie nicht darüber sprechen, bis heute nicht. Die Geschichte mit der Maus kommt Hans Streck nicht über die Lippen, und er überlegt lange, bevor er sich entschließt, eine andere, ähnliche Geschichte zu erzählen. Es war kurz vor Ende des Studiums. Die Abschlussklausuren in Mathematik standen vor der Tür, einige Studenten fürchteten, durchzufallen und von der Schule geworfen zu werden. Ihr Mathelehrer – klein, dick und fies, Spitzname Schweinebacke – hatte erst kürzlich einen ihrer Kommilitonen exmatrikuliert und genoss seine Macht über seine Studenten. In jeder Stunde zeigte er auf seine Tasche, sagte: »Hier sind eure Aufgaben drin«, und grinste dabei breit und hämisch.

Heinrich Scholls Klasse beschloss, Schweinebacke auszutricksen. Sie hatten alles genau geplant: In der Unterrichtspause würde einer der Studenten den Lehrer auf dem Flur in ein längeres Gespräch verwickeln, einer musste Schmiere stehen, einer die Arbeit aus der Tasche ziehen, einer die Aufgaben aufschreiben. Für das Gespräch auf dem Flur fand sich schnell jemand, fürs Schmierestehen und Aufschreiben auch. Aber niemand traute sich, Schweinebackes Tasche zu öffnen und die Aufgaben rauszunehmen. Niemand außer Heinrich Scholl.

»Er hatte einfach keine Angst. Er hat alles riskiert«, sagt sein Freund Hans. »Dabei hätte er das gar nicht nötig gehabt. Heiner war gut in Mathe, selbst wenn er die Arbeit verhauen hätte, wäre er durchgekommen.«

Alles lief gut. Ihr Lehrer merkte nichts. Niemand fiel durch die Matheprüfung. Auch die anderen Examen bestand Heinrich Scholl souverän. Am Ende des Studienjahres packte er seine Sachen in der Baracke zusammen und zog nach Ludwigsfelde zurück, zu seiner Frau und seinem Sohn.

Freikörperkultur

Ihre neue Wohnung befand sich über dem Frisiersalon und der Wohnung von Gittis Mutter. Sie hatten zweieinhalb Zimmer und eine kleine Küche. Der halbe Raum wurde das Kinderzimmer.

Frank war ein Jahr alt, und ein anderes, gemeinsames Kind wollten Brigitte und Heinrich Scholl nicht. Heinrich Scholl sagt, das sei Gittis Entscheidung gewesen. Ein Kind habe ihr gereicht. Das Thema sei nur einmal aufgekommen. »Und da haben wir uns gesagt: Bei uns steht's unentschieden. Du hast ein Kind, ich hab ein Kind. Warum sollen wir es jetzt noch mal darauf ankommen lassen.« Er habe sich auch nicht darum gerissen, noch mehr Kinder zu haben. »Ich finde, das ist Sache der Frau.«

Er sagt das nüchtern, fast unbeteiligt, als wären die Kinder nur Zahlen in einer großen Lebensrechnung. So unaufgeregt ging er auch mit seinem Stiefsohn um. Er adoptierte ihn, und der andere Vater, der leibliche, wurde aus dem Leben der Familie Scholl gestrichen wie das Mädchen aus der Baumwollspinnerei. Es gab keine Fotos, keine Briefe, keine Treffen. Die

Ein- und Auszahlungsbelege von den Alimenten wurden in Aktenordnern abgeheftet und weggeschlossen. Gitti war die Mutter, Heiner der Vater, Frank das Kind. Eine perfekte Familie. Nicht einmal ihren engsten Freundinnen vertraute Gitti an, um wen es sich bei Franks Vater handelte, und Heinrich Scholl widmete sich seiner neuen Aufgabe als Ehemann und Familienvater mit so viel Tatkraft, dass niemand daran zu zweifeln wagte.

Brigitte Scholl hatte ihn unter all ihren Männern ausgewählt, weil er tüchtig war, und in dieser Beziehung enttäuschte er sie nicht. Sie war die Bestimmerin im Haus, sie sagte, was zu erledigen war, und er wäre nie auf die Idee gekommen, seine Rolle in Frage zu stellen. Er hatte schon immer die Aufträge der Knorreks erfüllt und die Zettel seiner Mutter abgearbeitet. Jetzt waren es eben die Zettel seiner Frau. Einkaufen gehen, Müll runterbringen, Küche wischen. In der Regel schrieb Brigitte Scholl noch die genaue Uhrzeit dazu. Es gab Zettel für ihren Mann, und, sobald er lesen konnte, auch für ihren Sohn. »Es war Gittis Art, Aufgaben zu verteilen«, sagt Heinrich Scholl. »Ich habe Frank in der Schule geholfen und war im Elternaktiv. Sie hat ihn im Haushalt gefordert.«

Im Frisiersalon von Brigitte Scholls Mutter hatte sich sein Aufgabenbereich allerdings erheblich erweitert. Er wischte immer noch den Fußboden, musste sich aber auch um andere, grundsätzlichere Dinge kümmern. Das Geschäft lief nicht mehr so gut wie früher. Frau Knorrek hatte angefangen zu trinken. Es kam vor, dass sie schon mittags nicht mehr ansprechbar war und sich in ihre Wohnung zurückziehen musste. Niemand wusste, was die Gründe waren. Ob sie unglücklich war, ob sie sich Sorgen ums Geschäft machte, ob es sie belastete, den Salon ganz alleine zu führen, ob sie ihre große Tochter vermisste, die mittlerweile in Köln lebte, ob sie nachts wach lag und die Bilder aus dem Krieg, von der Flucht nicht aus ihrem Kopf vertreiben konnte. Sie sprach nie über ihre Probleme. Sie war immer die starke Frau Knorrek gewesen, erfolgreich, wohlhabend, großzügig, und ihr war wichtig, dass das so blieb.

Heinrich Scholl hat später über diese Zeit notiert: »Mutter trinkt stark, Salon geht immer schlechter, Mutter ist ab Mittag betrunken in ihrer Wohnung, Friseusen machen, was sie wollen. Sie schreibt rote Zahlen. Gitti bittet mich darum, mich zu kümmern. Ich empfehle ihr, den Frisiersalon aufzugeben und für sich ein Kosmetikgewerbe zu beantragen. Sie hat Probleme damit wegen der Außenwirkung.«

Die Außenwirkung war für Brigitte Scholl so wichtig wie für ihre Mutter. Jeder kannte die vornehme Frau Knorrek und ihren Salon. Es gab den Bahnhof, das Gasthaus, das Werk, den Zahnarzt, den Lebensmittelladen, und es gab den Friseur in der Theaterstraße, wo sich die halbe Stadt traf, wo jeder über jeden redete und alle Neuigkeiten, jede Scheidung, jedes neugeborene Kind, jede Affäre ausgewertet wurden. Der Friseursalon war der Treffpunkt der Kleinstadt, und Brigitte Scholl wusste, wie schnell man im Ansehen ihrer Bewohner fallen konnte. Sie wollte nicht, dass ihre Mutter ihren Salon schloss.

Heinrich Scholl fand das ökonomisch gesehen nicht besonders vernünftig, aber er hatte schon wieder einen Plan: Er beantragte für seine Frau ein privates Gewerbe in Ludwigsfelde und richtete ihr einen Salon im Geschäft ihrer Mutter ein. Sie hatten jetzt zwei Geschäfte in einem, und die Tochter konnte im Notfall die Verluste der Mutter ausgleichen.

Brigitte Scholl war glücklich. Sie musste nicht mehr jeden Tag nach Teltow fahren und sich von ihrer Chefin herumkommandieren lassen, sondern konnte ihre Kunden in ihrem eigenen Studio empfangen. Sie legte für jeden eine kleine Karteikarte mit Namen, Alter und Hauttyp an. Junge und alte Frauen kamen aus Ludwigsfelde und den umliegenden Dörfern zu ihr in die Theaterstraße und schwärmten von ihrer Behandlung. Brigitte Scholl wusste alles über den Säureschutzmantel der Haut, mimische Gesichtsmuskeln und die Harmonie von Körper, Geist und Seele, konnte Rosenblätter, Kamille und Ackerschachtelhalm zu heilsamen Tinkturen mischen, Stirn und Nacken massieren, und gut zuhören konnte sie auch. Das Geschäft lief bald besser als das ihrer Mutter, sie verdiente damit sogar mehr als ihr Mann.

Heinrich Scholl wollte nach seinem Studium in Riesa als Technologe im Industriewerk von Ludwigsfelde anfangen. Aber die Flugzeugentwicklung wurde eingestellt, nachdem der erste Düsenflieger beim Vorführflug in einer Hochspannungsleitung hängenblieb und nie in Leipzig ankam, wo Walter Ulbricht und andere Ehrengäste warteten. Das Werk stellte jetzt Lastkraftwagen her. Es gab keine Stelle für ihn.

Er wurde Lehrer an der Berufsschule des Werkes, unterrichtete Werkstoffkunde, gab Polytechnischen Unterricht und bereitete Schüler aus dem Jugendwerkhof auf ihre Ausbildung vor. Zur Armee musste er auch, anderthalb Jahre Grundwehrdienst, Motschützenregiment in Stahnsdorf. Er hatte keine Lust, aber Armee war Pflicht, und er fand wieder einen Weg, sich von den anderen abzusetzen. Als sein Regimentskommandeur ein Geschenk für einen russischen Kommandanten brauchte, baute Heinrich Scholl aus Weißblech einen Schützenpanzerwagen nach, fünfzig mal neunzig Zentimeter, und montierte ihn auf eine Holzplatte. Der russische Kommandant war begeistert, und Heinrich Scholl hatte eine neue Aufgabe. Er musste nicht mehr Panzer fahren, sondern durfte von nun an kleine Modellpanzer bauen, zuerst noch in der Kaserne, am Ende seines Wehrdienstes sogar zu Hause bei Gitti.

Als er von der Armee zurückkam, gab es auch eine Stelle im Autowerk. Für seine Chefs war der Technologe schwer einzuschätzen. In seiner Stasiakte findet man viele Seiten, in denen sein Ehrgeiz, seine Hilfsbereitschaft, sein Fachwissen gepriesen werden. Wenn es um seine Einstellung zum Arbeiter- und Bauernstaat geht, ändert sich der Ton. Heinrich Scholl habe zahlreiche Westkontakte, sei politisch unentschlossen und schwer einschätzbar, entfalte keine Aktivitäten und sei der Typ des indifferenten und abwartenden Mitarbeiters, der nicht mehr wisse, wo er hingehöre, und privat nur mit Ärzten, dem Optiker und anderen führenden Persönlichkeiten verkehre.

Heinrich Scholl war ein Vorzeigeingenieur in einem sozialistischen Vorzeigebetrieb, aber den sozialistischen Teil versuchte er auszublenden. Er wusste, welche Kompromisse er eingehen musste und welche nicht. Als er aufgefordert wurde, Mitglied der SED und der Kampfgruppen zu werden, sagte er, das wolle er nicht. Als er immer wieder gefragt wurde, übernahm er für ein Jahr das Amt des FDJ-Sekretärs und meldete sich bei der Zivilverteidigung an. Danach hatte er erst einmal Ruhe. »Ich habe immer einen Weg gefunden, gut davonzukommen, um es mal so zu formulieren«, sagt Heinrich Scholl.

Seine Frau kannte diese Sorgen nicht. Sie hatte ihren privaten Salon, der war ihre Nische im Arbeiter- und Bauernstaat. Der Freie Deutsche Gewerkschaftsbund war die einzige Organisation, der sie angehörte, und das auch nur, weil man alle paar Jahre eine Urlaubsreise an die Ostsee bekam.

In Ludwigsfelde hatte Brigitte Scholl einen kleinen Kreis von Frauen, mit denen sie sich umgab, andere ließ sie ungern an sich heran. Wer sie nicht kannte, auf den konnte Brigitte Scholl eingebildet und unnahbar wirken. Von ihrer Schwester in Köln bekam sie Garderobe und Westgeld, mit dem sie im Intershop einkaufen konnte. Sie musste sich nicht in die Schlangen im Kaufhaus einreihen, wenn es Jeans oder Adidas-Turnschuhe gab. Wenn im Sommer die Ludwigsfelder in Scharen an den See zum Baden strömten, lief Gitti mit Hut, Decke und Picknickkorb an ihnen vorbei zu ihrer eigenen Badestelle. Es war eine kleine Lichtung, die sich an einer der Kiesgruben befand, die die Bauern in den dreißiger Jahren für Hitlers Autobahnbau ausgehoben hatten. Man musste bis nach Kleinbeuthen, einem Nachbardorf von Ludwigsfelde, fahren und dann am Ufer einen schmalen Pfad entlanglaufen. Die Lichtung befand sich hinter einem Feld und zwischen zwei Birken. Jeder wusste, dass sich hier Gitti mit ihren Freunden traf, und auch, dass alle nackt baden gingen, aber niemand wäre auf die Idee gekommen, sich ungefragt dazuzugesellen.

Abends trafen sich die Paare im neuen Klubhaus der Stadt oder im Gasthaus »Sanssouci« zum Tanz. Heinrich Scholl hatte von seiner Mutter als verspätetes Hochzeitsgeschenk ein paar spitze schwarze Schuhe und einen Wildledermantel mit Kunstpelzkragen bekommen. Wenn er mit Gitti tanzte, bildete sich ein Kreis um sie.

Die Hautevolee von Ludwigsfelde

Gittis Mutter trank immer mehr. Im Salon ließ sie sich kaum noch blicken, und die Bücher konnte sie schon lange nicht mehr führen. Manchmal fand ihre Tochter sie in ihrer Küche auf dem Boden liegen.

1972 musste sie ihr Geschäft aufgeben, und ohne das Geschäft hatte auch die Tochter keinen Raum mehr für ihre Kosmetik. Heinrich Scholl richtete seiner Frau vorübergehend im Kinderzimmer den Salon ein und stellte beim Amt den Antrag, ihre Wohnung und die Wohnung von Gittis Mutter gegen ein Haus zu tauschen.

Nach einem Jahr bekamen sie eine Doppelhaushälfte in der Holzhaussiedlung zugewiesen, die als attraktives Viertel in Ludwigsfelde galt. Das Haus war zwar alt und sanierungsbedürftig, aber es hatte einen vierhundert Quadratmeter großen Garten. Heinrich Scholl ließ Wände rausreißen, das Dach neu decken, baute den Keller aus, ließ eine Bar und ein großes gefliestes Bad einrichten, einen Innen- und einen Außenkamin einbauen, legte den Garten neu an. Er entwarf und zeichnete alles selbst, beim Bau halfen ihm

Freunde und Handwerker nach der Arbeit und am Wochenende.

Fast zwei Jahre dauerte der Umbau. Gittis Mutter wohnte in einem kleinen Zimmer unterm Dach und kam nur noch morgens die Treppe herunter, um sich in dem Laden auf der anderen Straßenseite ihre tägliche Ration Schnaps zu kaufen. Eines Morgens kam sie gar nicht mehr. Gitti fand sie in ihrem Zimmer. Tot. Neben ihrem Bett lagen zwei leere Flaschen und eine Tablettenschachtel.

Wenn Kundinnen fragten, was passiert sei, sagte Brigitte Scholl, sie sei die Treppe hinuntergefallen. Es ging ihr um den guten Ruf der Familie. Ihre Mutter mochte eine unglückliche Trinkerin gewesen sein, aber das ging niemanden etwas an. Gitti, sagt ihre Freundin Karin*, wollte allen immer eine heile Welt vorspielen.

Die Beerdigung war kaum vorbei, da wurde Brigitte Scholls heile Welt schon wieder erschüttert. Sie bekam einen Anruf. Ihre Schwester Ursula in Köln sei überraschend verstorben, ein Sturz im Bad, hieß es.

Ursula Knorrek war fünfzehn Jahre älter als Brigitte Scholl. Sie hatte die Estée-Lauder-Vertretung für Deutschland, Österreich und die Schweiz geleitet, Kinder hatte sie nicht, aber ein großes Haus und einen Mann, der gut verdiente. Brigitte Scholl hatte ihre Schwester immer um ihr aufregendes Leben beneidet. Ursula war ihr Vorbild gewesen, die große Schwester, die Ludwigsfelde zu eng fand und in eine Welt aufgebrochen war, von der Brigitte Scholl in ihrem winzigen Kosmetiksalon nur träumen konnte. Von ihren Reisen um die Welt schickte sie ihr Postkarten nach Ludwigsfelde. Paris. Wien. London. Sie besuchte Modenschauen, und die Leute, die sie dort traf, konnte man in Klatschzeitschriften bewundern. Manchmal war Ursula auch selbst mit auf den Fotos zu sehen.

Auf der Beerdigung in Köln erfuhr Brigitte Scholl, dass sich auch ihre Schwester das Leben genommen hatte, mit Tabletten. Aber niemand konnte genau sagen, warum. Es hieß lediglich, sie sei mit ihrem Alter nicht klargekommen.

Es war das Jahr 1979. Brigitte Scholl war erst Mitte dreißig, aber auch sie spürte, dass sie älter wurde. Schönheit und Jugend waren ihr Beruf, fünf Tage in der Woche stand sie von acht bis achtzehn Uhr in ihrem Kosmetikstudio und bekämpfte die Spuren des Alterns. Sie hatte das bisher nicht auf sich bezogen, ihre Kundinnen waren ja zumeist älter als sie und bewunderten ihre glatte, faltenfreie Haut, die perfekt geschwungenen Augenbrauen, den vollen Mund. Sie war immer noch die Frau, die im Mittelpunkt stand, aber der Tod ihrer Schwester machte ihr klar, dass auch ihre Jugend endlich war.

Brigitte Scholl hatte eine Midlifecrisis und nahm sich einen Liebhaber. Es war der Sohn eines befreundeten Ehepaares, ein Schauspieler, zehn Jahre jünger als sie. Ihr Mann bekam von der Affäre seiner Frau nichts mit, er war nur mit dem Umbau des Hauses und den Erbangelegenheiten beschäftigt.

Wenige Monate nach dem Tod von Brigitte Scholls Schwester nahm sich auch noch deren Mann das Leben. Das Haus in Köln musste aufgelöst und die Antikmöbel über die innerdeutsche Grenze nach Ludwigsfelde geschafft werden. Heinrich Scholl kann sich noch gut daran erinnern, wie schwer es war, die Möbel aus Köln über die Grenze zu bekommen. Wie Gitti sich gefühlt hat, weiß er nicht. »Sie hat ja nie geweint«, sagt er, »zumindest vor mir nicht und ich auch nicht vor ihr. Wir sind hart erzogen worden.«

Dass seine Frau ihn mit einem jungen Schauspieler betrog, erfuhr er erst Jahre später aus seiner Stasiakte.

Das Leben ging weiter. Das Haus war endlich fertig, sie hatten mehr Platz, zwei Kamine, zwei Bäder und die Möbel aus dem Westen. Brigitte Scholl führte ihre Gäste durch die Zimmer wie durch ein Museum. Hier eine alte Standuhr, hier der Biedermeiersekretär, dort ein Mahagonischrank. Sie hatte den gesamten Haushalt aus Köln geerbt. Teppiche, Geschirr, Besteck, Tischdecken, Lampen sowie eine komplette Kosmetiksaloneinrichtung. Die Nachbarn erinnern sich noch an die zwei großen Container, die in der Straße standen. Was nicht ins Haus passte, wurde verkauft. Bald stand ein neues Auto vor der Tür der Familie Scholl. Die Stasi vermerkte in ihren Aufzeichnungen, Heinrich Scholl verkehre in Kreisen, »die zur Hautevolee von Ludwigsfelde« gehörten.

Im Autowerk leitete Heinrich Scholl die neue Gesenkschmiede, ein Prestigeprojekt für die DDR, das vom Politbüromitglied Günter Mittag persönlich betreut wurde. Scholl war der Fachmann auf diesem Gebiet, konnte am besten englisch sprechen und führte Verhandlungen mit Engländern, Schweden, Österreichern. Nur ins Ausland durfte er nicht. Immer wieder stellte er einen Antrag, Reisekader zu werden, immer wieder wurde der Antrag abgelehnt. »Der Pass sei noch nicht fertig, hieß es immer, und dann fuhr der Parteisekretär nach Wien oder Stockholm, der überhaupt keine Ahnung hatte«, sagt Heinrich Scholl. »Irgendwann ist mir klargeworden, dass der Pass nie fertig werden wird.«

Heinrich Scholl kam nicht mehr weiter. Er wusste nicht, wohin mit seinen Fähigkeiten und seiner Energie. Er war ja nicht der Einzige, der Probleme hatte. Sein Schulfreund Dieter Fahle war aus dem Werk geworfen worden und hatte Glasbläser gelernt. Sein bester Freund Hans hatte einen Ausreiseantrag gestellt und war mit seiner Familie nach Nordrhein-Westfalen gezogen. Ein Kollege plante die Flucht, weil er nicht länger auf die Genehmigung seines Ausreiseantrages warten wollte. Scholl fand das zu gefährlich und besorgte ihm mit Hilfe eines befreundeten Arztes ein Attest, das die Bearbeitung beschleunigen sollte. Im Ludwigsfelder Wald fanden die Treffen statt. Heinrich Scholl selbst konnte sich zu so einem radikalen Schritt nicht entschließen. Alles, was er in Ludwigsfelde besaß, hatte er sich mühsam aufbauen müssen. Das Haus war endlich fertig, und Gittis Salon lief so gut wie nie. Er liebte Ludwigsfelde, aber die DDR wurde ihm zu eng.

Scholl rannte pausenlos gegen Wände. Und irgendwann konnte er nicht mehr. Es gab ein Treffen mit den schwedischen Vertragspartnern, bei dem er eine Gesenklieferung über viele Millionen Mark bestätigen sollte, die sie in Ludwigsfelde gar nicht brauchten. Nur damit die Schweden den Eindruck hatten, es gehe weiter voran in der DDR-Wirtschaft. Scholl sagte, das sei doch Irrsinn. Seine Vorgesetzten sagten, das sei die Linie.

Es war nicht Heinrich Scholls Linie. Als er mit den Schweden zusammensaß, erzählte er ihnen von dem Problem. Er dachte, dass die Kollegen und Stasileute am Tisch nicht gut genug englisch sprachen. Aber es reichte wohl. Am nächsten Tag bestellte der Generaldirektor seinen Cheftechnologen in sein Büro, warf ihm politische Sabotage vor und erteilte ihm einen Verweis. Heinrich Scholl stand auf, ging aus dem Zimmer, ließ sich von der Sekretärin Stift und Zettel geben und schrieb seine Kündigung.

Er war jetzt arbeitslos, weil es aber in einem Arbeiter- und Bauernstaat keine Arbeitslosen geben kann, ließ er sich bei seiner Frau formal als Hausmeister anstellen. Scholl hatte keine Probleme damit. Es war ja das, was er ohnehin machte. Und für einen Mann wie ihn bot auch eine Hausmeisterstelle Herausforderungen. Er fing sofort an, sich neue Projekte auszudenken. Er sammelte bunte Glasscherben und bastelte daraus Lampen, plante für das Haus seines alten Freundes Dieter einen Anbau, entwarf für Gittis Freundin Gudrun den Garten, baute für den Fleischermeister aus Großbeeren einen Kamin. Er verdiente nicht weniger Geld als seine Kollegen im Autowerk.

Brigitte Scholl war es trotzdem peinlich. Sie wollte nicht mit einem Hausmeister verheiratet sein, auch nicht mit ihrem eigenen.

Wenn ihre Kundinnen durch die Diele des Hauses zum Kosmetiksalon gingen, sahen sie ihren Mann beim Frühstück sitzen. Früher konnte sie sagen: »Mein Mann ist Cheftechnologe.« Jetzt sagte sie: »Mein Mann macht bei Dieter den Anbau.«

Heinrich Scholl spürte ihren spöttischen Blick, wenn er in den Arbeitskeller ging, ihr vorwurfsvolles Schweigen am Abendbrottisch. Er arbeitete den ganzen Tag, er verdiente Geld und fühlte sich trotzdem wie ein Versager. Es war, als sei er wieder bei seiner Mutter eingezogen.

Er bewarb sich bei Betrieben in der Umgebung, in Caputh, wo das Schloss saniert wurde, im Mikrochipwerk in Teltow. »Erst hieß es, ja, toll, kommen Sie vorbei«, sagt Heinrich Scholl. »Aber sobald sie meine Kaderakte lasen, kam die Absage.« In Heinrich Scholls Kaderakte stand, dass er »politisch indifferent« sei und im Autowerk wichtige Verhandlungen mit Partnern aus dem nichtsozialistischen Ausland sabotiert habe. Er hatte schon ein halbes Jahr keine Arbeit mehr. Gitti wurde immer schweigsamer.

Ein Nachbar, der Artist war, sagte, dass beim Zirkus Berolina ein Technischer Direktor gesucht werde. Scholl rief an. Der Zirkusdirektor sagte, er freue sich auf ihn, er solle sich sicherheitshalber aber auch noch schriftlich bewerben. Zwei Wochen später kam die Absage von der Kaderabteilung. Scholl platzte der Kragen.

Er fuhr mit seinem Wartburg Tourist nach Hoppegarten, wo sich das Winterquartier des Zirkus befand. Der Direktor stand gerade am Eingang, als Heinrich Scholl aus seinem Auto stieg. Er wusste nichts von der Absage und meinte, er könne gleich morgen anfangen. Seine Sekretärin werde nur noch den Vertrag aufsetzen. Die Sekretärin schüttelte den Kopf, das ginge nicht, Anweisung von oben. Der Zirkusdirektor legte seinen Arm um Heinrich Scholls Schulter, ging mit ihm in die Kantine und fragte: »Haben Sie was zum Schreiben?«

Heinrich Scholl riss ein Blatt aus seinem Kalender, der Zirkusdirektor setzte den Vertrag auf.

Zwei Tage später fuhren sie zusammen mit Elefanten, Tigern und Giraffen durch den Süden der DDR.

Im Zirkus

Berolina war ein sozialistisches Zirkuskombinat, ein großer, hochsubventionierter Betrieb, in dem Dressurreiter, Akrobaten, Hochseilartisten, Clowns und Raubtierbändiger beschäftigt waren. Heinrich Scholl war für einhundertunddreißig Wagen und siebzig Mitarbeiter zuständig. Er musste das Gelände aussuchen, den Transport sowie den Zeltauf- und -abbau organisieren. Alle drei Tage waren sie in einer anderen Stadt, in großen Städten blieben sie eine Woche. Um sieben Uhr begann sein Arbeitstag, abends, wenn die Vorstellung begann, hatte er Feierabend, konnte lesen, joggen, einkaufen, sich die Städte ansehen. Nach der Show wurde in der Manege die Tischtennisplatte aufgebaut, und er spielte mit Artisten und Raubtierbändigern Chinesisch, bis tief in die Nacht. »Wir hatten die Schweizer Dompteurfamilie Leuzinger da«, sagt er. »Sieben Tiger. Und Frau Böttcher mit den Eisbären. Es war herrlich. Phantastisch. Wie eine Bluttransfusion.«

Das Beste am Zirkus aber war Scholls Zirkuswagen, drei mal sieben Meter groß, mit Toilette, Waschbecken, Schlafcouch, Tisch und drei Stühlen. Es war ein einfacher Holzkasten auf Rädern, mit festgeschraubten Möbeln, kleinen Fenstern und billigem Geschirr, aber es war seine eigene Welt.

Scholl vermisste nichts.

Das erste Mal in seinem Leben konnte er machen, was er wollte. Er hängte seine Ölbilder auf, die zu Hause nur im Keller standen, weil Gitti sie nicht mochte, er brachte seinen Plattenspieler und ein paar Klassik-LPs mit, und bevor er schlafen ging, goss er sich ein großes Glas Rotwein ein. Noch nie hatte er sich so frei gefühlt in seinem Leben.

Heinrich Scholl nennt die Zeit im Zirkus »meinen ersten Ausbruch von zu Hause«.

Da war er Mitte vierzig.

Brigitte Scholl lebte in Ludwigsfelde weiter wie bisher. Sie arbeitete im Kosmetiksalon, ging mit dem Hund spazieren, traf Freundinnen. Ein einziges Mal besuchte sie ihren Mann im Zirkus, es war bei einem Gastspiel in Dresden. Heinrich Scholl hatte für seine Frau extra Plätze in der Ehrenlounge reserviert und frische Blumen für den Zirkuswagen gekauft. Aber Brigitte Scholl war die Zirkuswelt fremd, und ihren Mann erkannte sie auch nicht mehr wieder. Er schien sich unter diesen Vagabunden wohl zu fühlen, er investierte seine Fähigkeiten in Wegelagerer und Wildtiere. Für die Giraffen baute er einen Wagen, hoch genug, damit die Tiere mit ihren langen Hälsen beim Transport stehen konnten, für die Eisbären entwarf er ein neues Freigehege und ein Wasserbecken. Als sein Chef im Urlaub war, ließ er alle Zelte und Wagen umspritzen, schwarz-weiß gestreift wie die Zirkuszebras.

Der Berolina-Chef war begeistert von seinem Technischen Leiter. Heinrich Scholl wurde bald in die Generaldirektion des DDR-Staatszirkus befördert und hatte jetzt ein Büro im Hauptquartier in der Friedrichstraße in Berlin. Er war beliebt, anerkannt, er machte Karriere. Er hatte wieder eine Bilderbuchkarriere hingelegt. Und wieder beendete er sie.

Er kündigte aus heiterem Himmel. Er sagt, er habe es eines Nachmittags auf dem Bahnhof Schöneweide entschieden. Der Bahnhof sei ihm zu voll gewesen. Er habe begriffen, dass er nicht mehr jeden Tag von Ludwigsfelde nach Berlin fahren wollte. Das spontane Ende eines Abenteuers, in Schöneweide.

Scholl räumte seinen Zirkuswagen aus, hängte seine Bilder ab und stellte sie zurück in den Keller.

Es war das Jahr 1989. Scholl fand schnell neue Arbeit. Beim Rat der Stadt wurde ein Techniker für die Sportanlagen von Ludwigsfelde gesucht. Die Schwimmhalle, das Waldbad, die Sportplätze, die Turnhallen. Ihr Zustand war miserabel, aber dem Technischen Leiter der Stadt, Scholls Chef, schien das egal zu sein. Er saß im Rathaus, las das *Neue Deutschland*, jede Kritik an seiner Arbeit war für ihn ein Verrat an der großen sozialistischen Idee. Es hieß, er sei unkündbar. Heinrich Scholl ging ihm aus dem Weg, so gut es ging. Er richtete sich ein kleines Büro in der Schwimmhalle ein, mähte den Rasen, ließ die Duschen reparieren, das Waldbad und die Sauna.

Er war inzwischen daran gewöhnt, sich in den Nischen der Gesellschaft einzurichten: in seinem Haus mit den Westmöbeln der verstorbenen Schwägerin, an der FKK-Badestelle zwischen den Birken, in seiner Lampenwerkstatt, im Zirkuswagen. Aber die Nischen wurden enger. Er verhandelte nicht mehr in Berlin mit Schweden über ein Vorzeigeprojekt des größten Autowerkes der DDR, sondern mit einem gelangweilten Funktionär über die Renovierung der Sauna in einer ostdeutschen Kleinstadt.

Das Land war am Ende.

Wowereits Rat

In der Nacht, als die Mauer fiel, lag Heinrich Scholl im Josef-Krankenhaus in Potsdam. Er hatte sich beim Fußballspielen am Meniskus verletzt und sah die Bilder jener Nacht in dem Fernseher über seinem Krankenbett. Er sah Günter Schabowski, der etwas von einem neuen Reisegesetz stammelte, seine mutig gewordenen Landsleute, die mit ihren Trabants durch Westberlin rollten und sich weinend in die Arme fielen, hilflose Grenzer. Sein Bettnachbar schlief, das weiß er noch, er hätte gerne mit jemandem geredet, sagt er.

Nach drei Tagen holte ihn sein Sohn aus dem Krankenhaus ab und brachte ihn nach Hause, wo die Zeit stehenzubleiben schien. Es hatte keine Montagsdemonstrationen und keine Friedensgottesdienste in Ludwigsfelde gegeben. Die Arbeiterstadt hatte keine Tradition im Widerstand. Unter Hitler nicht und später auch nicht. Scholls Nachbarn gingen ins Werk, seine Frau hatte mit ihren Kundinnen zu tun und kein großes Interesse daran, sich in Westberlin nach Jacobs-Kaffee anzustellen. Den bekam sie auch im Intershop in Teltow.

Heinrich Scholl ließ sich von seinem Sohn nach Berlin

fahren und beobachtete vom Auto aus die Schlange am Grenzübergang Oberbaumbrücke. Er lief noch an Krücken und konnte sich nicht unter seine aufgeregten Landsleute mischen, aber er verspürte auch nicht das Bedürfnis. Er war nicht euphorisch, er dachte nach. »Ich kannte ja den Westen von meinen Besuchen bei meiner Tante, meiner Mutter und meiner Schwägerin«, sagt er. »Ich habe mir Gedanken gemacht, wie man das alles zusammenbekommt.«

Kühle Distanz war schon immer Heinrich Scholls Haltung gewesen, aber in jenen Tagen fiel es manchen das erste Mal auf. Sein Freund Dieter Fahle erzählt, wie er Scholl kurz vor dem Mauerfall zu einem Treffen von Oppositionellen in der Gethsemanekirche im Prenzlauer Berg mitnahm. Es war im September 1989, die Montagsdemonstrationen in Leipzig hatten begonnen, immer mehr DDR-Bürger flüchteten über Ungarn in die Bundesrepublik. Das Land stand vor dem Zusammenbruch, und alle fragten sich, was im schlimmsten Fall passieren könnte, wie gefährlich es war, sich zu wehren, ob sich das Militär einmischen und es Gewalt gegen Demonstranten geben würde, Schüsse, Tote, Krieg.

Dieter Fahle war gerade von einer Reise mit seiner Judomannschaft aus Österreich wiedergekommen und hatte dort in der Zeitung gelesen, dass die Sowjetarmee im Krieg in Afghanistan starke Verluste erlitten hatte. Daraus schlussfolgerte er, dass Moskaus Panzer nicht nach Ostberlin rollen würden. Es war eine etwas komplizierte Geschichte, die Judomannschaft, die Österreichreise, Afghanistan, die Sowjetarmee. Dieter Fahle leitet aus kleinen Nachrichten gerne große weltpolitische Zusammenhänge ab. »Die Russen haben doch ihr Lausepulver in Afghanistan verschossen«, rief er den Bürgerrechtlern zu. Es gab eine Diskussion, alle redeten durcheinander. Irgendwann schaute sich Dieter Fahle nach Heinrich Scholl um, der gerade noch neben ihm gestanden hatte. Heinrich Scholl war weg.

Er hält solche Situationen nicht aus. Wenn andere vor Gefühlen überschäumen, spürt er nichts außer einem gewissen Unbehagen und dem Bedürfnis, sich zurückzuziehen. Das erste Mal merkte er das auf der Beerdigung seines Vaters. Er war ein Junge und stand zwischen seinen Verwandten auf dem Waldfriedhof in Ludwigsfelde. Alle weinten. Er konnte nicht. Er versuchte sich vorzustellen, wie dieser Mann, der so krank war zum Schluss, dass er es nicht einmal mehr die Treppe hinunterschaffte, um ihn anzubrüllen und zu schlagen, jetzt da vorne reglos im Sarg lag. Heinrich Scholl fühlte nichts. Keine Trauer, kein Mitleid, keinen Schmerz, nicht einmal Wut. Er stand zwischen all den schwarzgekleideten weinenden Menschen wie ein Fremder.

Auch später, als seine Mutter ihn allein in Ludwigsfelde zurückließ, um mit Gerhard nach Westberlin zu ziehen, war er nicht traurig, enttäuscht oder wütend. Er wunderte sich nur. Er hatte fest daran geglaubt, dass sie ihn brauchte, dass er sich durch seinen Fleiß und seine Tüchtigkeit unverzichtbar gemacht hatte. Und dann ging sie weg und wollte ein neues Leben anfangen, ohne ihn. Das passte nicht in seine Rechnung. Das verstand er nicht.

Jahre später, als seine Mutter im Koma lag, fuhr er nach Westberlin, um sie ein letztes Mal zu sehen. Er hatte sich bei den Behörden eine zehntägige Reiseerlaubnis erkämpft, aber nach einem Tag war seine Mutter tot. Er hatte noch neun Tage übrig und beschloss, die Gelegenheit zu nutzen, Gittis Schwester in Köln zu besuchen.

»Sie schickt mir Flugticket«, notiert er später über diese Reise, »ich bekomme am Flughafen Tegel provisorischen Personalausweis, bin sieben Tage in Frechen, sehr schönes Haus und netter Mann, zeigen mir Umgebung, besonders schön die Fahrt nach Bad Neuenahr, Weinberge, phantastischer Wein in altem Weingut, Blumen überall.« Kein Wort von Trauer, Wut, Hass oder irgendeinem anderen Gefühl.

Kurze Zeit später fuhr er noch einmal nach Westberlin, kümmerte sich um die Bestattung seiner Mutter und die Überführung ihrer Asche nach Ludwigsfelde, und als er alles erledigt hatte, flog er wieder nach Köln zu Gittis Schwester. Diesmal ließ er sich von ihr Aachen, Bonn, Düsseldorf, Koblenz und Frankfurt zeigen.

Heinrich Scholl ist ein praktischer Mensch, gut darin, Dinge zu berechnen und zu analysieren. Diese Eigenschaft hatte ihm oft genutzt in seinem Leben, aber noch nie so sehr wie in jenen Herbsttagen des Jahres 1989. Während seine Landsleute immer noch vor Freude taumelnd, »Wir sind ein Volk« rufend durch die Straßen zogen, legte Heinrich Scholl sein krankes Bein hoch, las Zeitung, sah Nachrichten, beobachtete, was um ihn herum passierte, und fragte sich, was das für ihn bedeuten könnte.

In diesen Tagen traf er Klaus Wowereit.

Es war in Mahlow, einem kleinen Grenzort in Brandenburg, durch den jahrzehntelang der Müll der Westberliner geschleust wurde. Auch dieser Grenzübergang war nun offen. Man konnte auf einmal von Mahlow nach Lichtenrade laufen und umgekehrt. Die Ostberliner holten in Westberlin ihr Begrüßungsgeld ab, und die Westberliner spazierten am Sonntagnachmittag durch Brandenburger Wälder.

Klaus Wowereit war Mitte dreißig, der jüngste Stadtrat in

ganz Berlin, und ziemlich genervt von der Verwaltungsroutine und den Hierarchien in seiner Partei, der SPD. »Alles musste funktionieren wie ein Leitz-Ordner«, schreibt Wowereit in seiner Autobiographie. »Klappe auf, Akte rein, Deckel zu, Ruhe. Bloß keine Überraschung, nur nichts Kompliziertes, das die Abläufe durcheinanderbrachte.« Der Mauerfall habe ihn elektrisiert. »Matthias Platzeck hat mal zu mir gesagt, er habe mich völlig aus dem Häuschen erlebt in der Zeit.«

Der Westberliner Klaus Wowereit lebte in einer völlig anderen Welt, aber es ging ihm damals so ähnlich wie Heinrich Scholl. Er steckte in einem System fest. An einem Novembertag des Jahres 1989 standen sie sich gegenüber, der große schlaksige Klaus Wowereit und der kleine quirlige Heinrich Scholl. Sie stellten sich vor, ich bin der Klaus, ich bin der Heiner. Wowereit sagte, er wolle die SPD in Brandenburg aufbauen mit neuen, frischen Leuten. Heinrich Scholl sagte, er suche nach einer neuen Aufgabe.

Er erzählte dem Mann aus dem Westen seine Geschichte. Wie er mit den Schweden verhandelte, aus dem Autowerk flog, wie er Lampen bastelte, Kamine baute und mit dem Zirkus durchs Land reiste, Tischtennis mit Dompteuren spielte und heute das Schwimmbad von Ludwigsfelde verwaltete, während sein Chef im Rathaus saß und das *Neue Deutschland* las. Es war keine schlechte Geschichte, Scholl klang wie der Held eines Schelmenromans.

Klaus Wowereit möchte inzwischen nicht mehr über Heinrich Scholl sprechen, lässt er durch seinen Sprecher ausrichten, aber in seiner Autobiographie schreibt er über die aufregenden Zeiten damals, und an einer Stelle steht: »Der Ingenieur Heinrich Scholl aus Ludwigsfelde machte einen tollen Eindruck.«

Helga Gerlich, von Beruf Hebamme, war damals Wowereits Mitstreiterin in der SPD. An Wochenenden sind sie zusammen mit Tapetentischen, Thermoskannen und Kuchenblechen nach Brandenburg gefahren. »Wir wollten die Menschen locken«, sagt Helga Gerlich, »sie kannten ja nur den Sozialismus, die SED und die Blockparteien, die Sozialdemokratie war ihnen fremd. Sie dachten natürlich, Parteien und Wahlen, das ist alles Betrug.«

Heinrich Scholl sei anders gewesen als die meisten Leute im Osten, sagt Helga Gerlich, nicht gebrochen, ohne diese gebückte Haltung. »Er war nett und freundlich und so gar nicht DDR-like«, sagt ihr Mann. »Ich habe mich immer gefragt: Warum können Menschen aus der DDR einem nicht in die Augen gucken? Heiner konnte das. Er hatte einen aufrechten Gang.«

Heinrich Scholl sagt, Wowereit habe ihn damals auf die richtige Spur gebracht. Schon beim ersten Treffen in Mahlow habe er zu ihm gesagt, dass Männer wie er jetzt gebraucht würden. Scholl sollte die Dinge in Brandenburg in die Hand nehmen und etwas machen, etwas bewegen, ein Amt übernehmen, Landrat oder Bürgermeister werden, jetzt sei genau die richtige Zeit. Heinrich Scholl erinnert sich, dass er fragte: Wie denn? Und dass Wowereit ihm sagte, dass man im Westen nur über Parteistrukturen etwas erreichen kann.

Ein paar Tage später, an einem Sonntagmorgen, setzte sich Heinrich Scholl in seinen Wartburg und fuhr nach Christinendorf, einer brandenburgischen Gemeinde, in der es ein paar alte Bauerngehöfte, eine Kirche mit einem schiefen Turm und einen jungen Pfarrer gab. Der Pfarrer hieß Steffen Reiche, trug einen Bürgerrechtler-Vollbart, hielt politische Predigten und hatte vor kurzem die Sozialdemokratie im Osten mitbegründet, die SDP.

Reiche war die Parteistruktur, von der Klaus Wowereit gesprochen hatte.

Die Kirche war voll, das Publikum sah aus wie das in der Gethsemanekirche, junge Frauen und Männer mit langen Haaren, in Strickpullovern und Parkas. Heinrich Scholl passte nicht hierher, er war viel älter als die anderen, trug einen hellen Trenchcoat und stützte sich auf seiner Krücke ab. Der Pfarrer dachte, die Stasi habe ihren letzten Mann geschickt, Sitznachbarn sahen ihn misstrauisch an. Scholl achtete nicht darauf, setzte sich an den Gang, hörte sich die Predigt an, und als der Gottesdienst vorbei war und alle gingen, blieb er sitzen. Ein Mann auf der anderen Seite des Ganges blieb auch sitzen. Er war im gleichen Alter wie Scholl und passte mit seinem Schnauzer und seiner Bürstenfrisur genauso wenig hierher. Als der Mann zum Altar lief, hinter dem der Pfarrer verschwunden war, humpelte Heinrich Scholl hinterher.

Dieter Ertelt, der Mann auf der anderen Seite des Ganges, kam auch aus Ludwigsfelde, arbeitete auch im Autowerk, hatte auch Ärger mit dem Staat gehabt und wollte auch bei den Veränderungen im Land mitmachen. Er kannte Heinrich Scholl nicht, hier, in der Kirche in Christinendorf, sah er ihn das erste Mal in seinem Leben.

Reiche sagte den beiden Männern, sie sollten in die SDP eintreten und in Ludwigsfelde einen Ortsverein gründen, Mitglieder werben, sich an runden Tischen beteiligen. Viel mehr habe er auch nicht gewusst, sagt er. Er war genauso unvorbereitet in die Politik gestolpert wie Scholl und Ertelt, nur ein wenig früher.

Ein paar Tage später gründeten Heinrich Scholl, Dieter

Ertelt, seine Frau und fünf andere Ludwigsfelder in Ertelts Wohnzimmer den ersten sozialdemokratischen Ortsverein der Stadt nach dem Zweiten Weltkrieg. Heinrich Scholl, der die beste Handschrift hatte, setzte die Urkunde auf. Ein paar Wochen später saßen die beiden Männer zusammen am runden Tisch und nach ein paar Monaten im Rathaus. Heinrich Scholl wurde Bürgermeister, Dieter Ertelt sein Stellvertreter.

Es gibt ein Foto aus dieser Zeit. Darauf sieht man zwei Männer mittleren Alters, sie tragen Oberhemden mit offenem Kragen und Bundlederjacken mit Schulterpolstern. Scholl hält einen Zettel in den Händen und liest etwas vor, während Ertelt den Kopf neigt und ernsthaft zuschaut. Es sieht so aus, als würden sie üben, wie man Politiker spielt.

Wenn man dieses Bild anschaut, ahnt man, wie es ist, über Nacht in ein neues Leben zu schlüpfen. Überall passierte das damals in den neuen Ländern. Bürgermeister und Minister und Werkdirektoren und Chefredakteure mussten von heute auf morgen ihre Schreibtische räumen, um Platz zu machen für Leute, die glaubwürdig genug schienen für ein neues Amt in einer neuen Gesellschaft. Es war eine historische Chance, aber es war auch ein Experiment, und niemand konnte sagen, wie es ausging, was die neue Macht, der plötzliche Erfolg, das unerwartete Rampenlicht mit Menschen machte, die nicht gelernt hatten, damit umzugehen.

Dieter Fahle, Scholls Schulfreund, saß mit Heinrich Scholl zusammen am runden Tisch in Zossen. »Scholli hat von Anfang an den absoluten Durchblick gehabt«, sagt er. »Einmal, als wir zusammen nach Hause gefahren sind, habe ich zu ihm gesagt: Wir sind sowieso bald wieder weg vom Fenster. Er hat gesagt: Ich nicht, ich werde bleiben.«

Silberhochzeit

Heinrich Scholl war jetzt Bürgermeister, der wichtigste Mann von Ludwigsfelde, aber manchmal wusste er nicht, ob das wirklich ein Grund zur Freude war. Sechzig Jahre waren vergangen, seit seine Eltern hierhergezogen waren, aber der Ort war immer noch das Kaff, das seine Mutter so gehasst hatte. Das Rüstungswerk war dem Autowerk gewichen, die Adolf-Hitler- und Heinrich-Himmler-Straße waren nach Ernst Thälmann und Wilhelm Pieck umbenannt worden. Das Rathaus befand sich in einer Baracke, in der einst SS-Aufseher Zwangsarbeiter bewacht hatten, die Autobahn zerschnitt den Ort genau in der Mitte, und die beiden Rekorde, mit denen sich die Stadt schmückte, waren auch nicht unbedingt ein Grund, stolz zu sein: In Ludwigsfelde gab es das größte zusammenhängende Eigenheimviertel der DDR und eine Gaststätte, in der so viel Bier ausgeschenkt wurde wie in keiner anderen des Landes. Sie hieß »Sanssouci«, aber alle nannten sie nur »Schuppen«.

Im ersten Sommer nach dem Mauerfall kamen die Wochenendausflügler aus Westberlin, glücklich, endlich die

Stadt verlassen zu können, und breiteten ihre Picknickdecken auf den Rieselfeldern Brandenburgs aus. Die alten Ostprodukte verschwanden aus den Kaufhallen, in den Wohnzimmern wurden Schwarzweißfernseher gegen Farbfernseher ausgetauscht, auf den Straßen Trabis gegen VWs, die alten Karosserien fand man am Straßenrand wieder. Das Automobilwerk produzierte weiter seine Lkw, aber niemand wollte sie mehr kaufen, und alle fragten sich besorgt, wie es weitergehen würde. Junge Leute packten scharenweise ihre Koffer und machten sich aus dem Staub, Richtung Westen.

Auch Frank ging. Er war Mitte zwanzig, von Beruf Ingenieur wie sein Vater. Seine Mutter, die Ludwigsfelde nie länger als zwei Wochen verlassen hatte, setzte ihn in ihrer freundlich resoluten Art vor die Tür, damit er »hier nicht noch das Licht ausmacht«, wie sie sagte. Im Wartburg Tourist fuhr Heinrich Scholl seinen Sohn in ein Aussiedlerheim in Hannover. An dem Tag, als er Bürgermeister wurde, campierte Frank zwischen osteuropäischen Flüchtlingen in einer Turnhalle.

Bei all der Aufregung hätten Brigitte und Heinrich Scholl fast ihren 25. Hochzeitstag vergessen. Silberhochzeit! Irgendwann, lange vor dem Mauerfall, hatten sich die beiden über die DDR-Gewerkschaft für eine Kreuzfahrt nach Kuba angemeldet. Jetzt lag der Gutschein im Briefkasten: drei Wochen auf der »Arkona«, dem größten Kreuzfahrtschiff der DDR. Im Februar 1990 ging es los, eine Fahrt übers Meer mit dem letzten sozialistischen Schiff zur letzten sozialistischen Insel. Es gab keine Sicherheitskontrollen mehr. Die Offiziere, die bis dahin aufpassen mussten, dass vor den Azoren niemand vom Schiff sprang und ans kapitalistische Ufer schwamm, servierten Piña Coladas. Unter den Gästen herrschte eine übermütige Stimmung, Heinrich Scholl fühlte sich in der Form seines Lebens.

Als für eine Azorenrundfahrt ein Englisch-Dolmetscher gesucht wurde, stellte er sich an die Spitze des Busses und übersetzte seinen Landsleuten, was der Reiseführer über Geschichte, Klima und Vulkanausbrüche erzählte. Scholl, der auf der Volkshochschule Englisch gelernt hatte, verstand auch nicht alles, aber er redete und redete und ließ sich anschließend an der Bar von seinen Mitreisenden feiern. Jeden Abend wurde auf dem Schiff ein Wettbewerb ausgerichtet. Heinrich Scholl gestaltete die schönste Speisekarte, schaffte die meisten Rumpfbeugen, die meisten Liegestütze, die meisten Klimmzüge und gewann beim Schiffsfasching. Alles gewann er, jeden Wettkampf.

Nur seine Frau gewann er nicht.

Ihr Mann konnte machen, was er wollte, Brigitte Scholl tat so, als hätte sie nichts anderes von ihm erwartet. Als er sein Amt als Bürgermeister antrat, legte sie ihm wortlos Anzug, Hemd und die passende Krawatte raus. Es war ihr Kommentar, ihre Art, Anerkennung zu zeigen. Auf dem Kreuzfahrtschiff war Brigitte Scholl meist schon im Bett, wenn ihr Mann sich feiern ließ. Selten trank sie mehr als ein Glas Wein. Je fröhlicher und lauter die anderen wurden, desto stiller wurde sie, und irgendwann zog sie sich in ihre Kabine zurück.

Vor fünfundzwanzig Jahren hatte sie ihm auf einem Ostberliner Standesamt das Jawort gegeben, und seitdem versuchte er ihr zu beweisen, dass es die richtige Entscheidung war. Aber beeindruckt waren immer nur die anderen.

In Amt und Würden

Dieter Bartha war so etwas wie der erste Westbesuch in Ludwigsfelde. Er war Stellvertretender Bürgermeister von Paderborn, und Paderborn war eine von Ludwigsfeldes neuen Partnerstädten. Bartha sagt, er erinnere sich noch so gut an diesen ersten Besuch im Juli 1990, weil er damals gerade dafür kämpfte, dass in Paderborn das alte, marode Rathaus durch ein neues ersetzt wurde. »Dann kam ich mit meinem Stadtdirektor in Ludwigsfelde an, und als wir vor der sibirischen Baracke standen, in der Scholl saß, wusste ich, dass ich mein neues Rathaus vergessen konnte.«

Scholls Bürgermeisterbüro hatte vergitterte Fenster, ein undichtes Dach, im Männerklo ersetzte eine Ablaufrinne die Toiletten, und wenn im Winter der Ofen angemacht wurde, war die Luft blau. Es gab keine Computer, nur alte Schreibmaschinen. Die Sekretärin war schnippisch, die vielen Rathausmitarbeiter, von denen niemand wusste, was sie überhaupt machten, wirkten misstrauisch. Das Wohnheim vom Autowerk, in dem die Paderborner bei ihren Besuchen übernachteten, erinnerte an eine Kaserne. »Zum Frühstück gab es aufgeschnittene Brötchen«, sagt Dieter Bartha. »Geschmiert waren die auch schon.«

Der Osten war so, wie ihn sich der westdeutsche Jurist vorgestellt hatte, nur Heinrich Scholl passte nicht in sein Bild. Er war kein verbitterter, starrköpfiger Staatspolitiker. Er kleidete sich gut, war unideologisch, offen und voller Energie. Er empfing Abgesandte aus westdeutschen Firmen und der Landesregierung, entwickelte Vorschläge zur Trassenführung der Autobahn, entschied über das Schicksal von Stasimajoren, Armeeangehörigen und Lehrern.

Dieter Bartha war lange Kämmerer im Finanzausschuss des deutschen Städte- und Gemeindebundes gewesen und hat in den Jahren nach der Wende viele Bürgermeister aus den neuen Ländern kennengelernt, »aber nie einen Kerl wie Scholl«, sagt er. Scholl habe einen unglaublichen Eifer gehabt, auch einen visionären. Immer, wenn Bartha aus Paderborn nach Ludwigsfelde kam, war wieder etwas Neues fertig. »Heinrich Scholl«, sagt er, »war das Beste, was der Stadt passieren konnte.«

Dieter Ertelt hat ein Foto der alten Bürgermeisterbaracke in seine Küche gehängt, so gerne denkt er an die Zeit, als er mit dem Mann, den er in einer kleinen Kirche in Brandenburg getroffen hatte, im Rathaus saß. Scholl war für die praktischen Dinge zuständig: Bauen, Investitionen, Fördermittel. Ertelt für die formalen: Finanzen, Haushalt, Schulen, Ordnungsamt. Scholl war der Macher, Ertelt der Verwalter. »Eine gute Arbeitsteilung«, sagt Ertelt. »Wir hatten keine Ahnung, aber wir waren ein gutes Paar. Heiner war sehr kameradschaftlich, sehr freundschaftlich. Damals wurde noch nicht gekungelt und zum Italiener essen gegangen. Es ging nicht um Posten, es ging darum, was zu verändern.«

Rainer Fischer kam Anfang der neunziger Jahre aus Berlin nach Ludwigsfelde. Sein erster Eindruck war: ein Drecksnest, eine Schlafstadt. »Da gab es nichts außer der Autobahn«, sagt er. »Die Leute kannten sich alle aus dem Autowerk, sind alle mit dem Rad gefahren und waren auf Berliner nicht gut zu sprechen. An einem Haus habe ich mal ein Plakat gesehen: Verpiss dich, Bulette!«

Fischer war Biogenetiker in Berlin-Adlershof, bis er von der Treuhand beauftragt wurde, sein eigenes Institut zu verkleinern und zweihundert von fünfhundert Mitarbeitern zu entlassen. Als er damit fertig war, bekam er ein Angebot als Geschäftsführer eines Baubetriebes. Ludwigsfelde war sein erstes Projekt – und sein größtes. Allein in der Potsdamer Straße hat Fischer vierhundert Sozialwohnungen bauen lassen, es folgten Gewerbeparks für Mercedes, MTU sowie verschiedene Logistikfirmen. Vierundsechzig Bewerber gab es deutschlandweit für das neue Logistikcenter von Volkswagen. Ludwigsfelde bekam den Zuschlag. »Scholl hat die Investoren geholt«, sagt Fischer. Sein Standardspruch war: ›Wir sind die Stadt, durch die die Autobahn von Paris nach Moskau führt.‹«

Heinrich Scholl war ein Naturtalent. Er konnte mit Politikern genauso gut verhandeln wie mit Wirtschaftsleuten. Er senkte den Gewerbesteuerhebesatz von 300 auf 150 Prozent, er schöpfte alle Fördermittel aus, die für den Aufbau Ost zur Verfügung standen, und oft auch noch die der Nachbargemeinden. Jedes Jahr gab es Millionen für die Entwicklung der Dörfer und Städte im Osten, aber immer blieb am Ende des Jahres Geld übrig. Das holte sich Scholl. Wenn das Land sagte, sie hätten aber personell nicht die Kapazitäten, den Plan noch vor Jahresende auf den Weg zu bringen, bot er an, Bauplanung und Leitung selbst zu übernehmen.

Die Stadt im Süden Berlins galt bald als ostdeutsches Wirtschaftswunder, als Symbol für den Aufschwung in den neuen Ländern. Während die brandenburgischen Nachbargemeinden verdorrten, blühte Ludwigsfelde auf. Heinrich Scholl ließ die alte Nazibaracke abreißen und ein neues gläsernes Rathaus bauen, er ließ die Autobahn auf Stelzen heben, die Durchfahrten verbreitern, Schallschutzwände errichten. Er lud den an Architektur interessierten Prinz Charles in seine Stadt ein, schüttelte Gerhard Schröder und Angela Merkel die Hand, und wenn der brandenburgische Ministerpräsident gute Nachrichten aus seinem notleidenden Bundesland brauchte, fuhr er nach Ludwigsfelde und weihte mit Heinrich Scholl irgendetwas Neues ein.

Dreimal wurde Heinrich Scholl zum Bürgermeister gewählt. Als er sein Amt übernahm, war er siebenundvierzig Jahre alt, und sein Sohn zog gerade aus. Als er es niederlegte, hatte er Enkelkinder und war Rentner. Für einen Politiker aus den neuen Ländern war seine Amtszeit rekordverdächtig lang.

Es gibt viele zum Teil bizarre Geschichten über gefallene Helden des deutschen Revolutionsherbstes. Ibrahim Böhme, der erste Vorsitzende der neugegründeten Sozialdemokratie in der DDR, entpuppte sich nach wenigen Monaten als Stasispitzel, der sich einen Großteil seiner Biographie ausgedacht hatte. Markus Meckel, Böhmes Nachfolger, machte zuletzt Schlagzeilen, als er sich mit einer Gräfin in der Uckermark um Libellenbäume stritt. Rainer Speer, der den Ortsverein der Sozialdemokratie in Potsdam aufbaute und später Finanz- und Innenminister von Brandenburg wurde, musste sein Amt niederlegen, weil er mehrere Jahre keine Alimente für sein uneheliches Kind gezahlt haben soll. Wolfgang Schnur vom Demokratischen Aufbruch, der Mann, der Angela Merkel ihr erstes politisches Amt gab, wurde wegen Stasikontakten aus der Partei ausgeschlossen, die er selbst gegründet hatte. Später beleidigte er einen Richter, verriet Mandanten, wurde wegen Konkursverschleppung verurteilt, heute gilt er als verschollen. Günther Krause, der für die ostdeutsche CDU den Einigungsvertrag mit aushandelte, musste nach der sogenannten Putzfrauenaffäre sein Amt als Verkehrsminister abgeben. Jochen Wolf, Bauminister von Brandenburg, stürzte über eine Baufilzaffäre und landete ein paar Jahre später im Gefängnis, weil er versucht hatte, einen Auftragskiller anzuheuern, um seine Frau umzubringen.

Heinrich Scholl kannte diese Geschichten, und er wusste, wie leicht es war, in Versuchung zu geraten und alles wieder zu verlieren, was er sich mühsam aufgebaut hatte. »Mann, was ich angeboten bekommen habe«, sagt er, »Kuverts mit 35 000 Schweizer Franken und so.« Scholl stolperte nicht. Er widerstand den Versuchungen oder legalisierte sie. Gleich in der ersten Legislaturperiode hatte die Stadtverordnetenversammlung von Ludwigsfelde eine Dienstanweisung erlassen, die ihm als Bürgermeister gewisse Ausnahmen zugestand. Es war einer der Tipps gewesen, die er von seinen Kollegen aus den westdeutschen Partnerstädten bekommen hatte. Er war ein gelehriger Ostdeutscher, vor allem die Hinweise, die ihm abends beim Glas Rotwein gegeben wurden, hat er sich gut gemerkt. Dazu gehörte, dass man nie einen Vorschlag in die Stadtverordnetenversammlung einbringen darf, bevor man sich nicht sicher ist, die Mehrheit auf seiner Seite zu haben.

Meist waren sich die Parteien von Ludwigsfelde sowieso alle einig, aber wenn es eng wurde, setzte sich Heinrich Scholl ans Telefon, rief jeden einzelnen Abgeordneten an, bis er sicher war, genug Stimmen zu haben.

Manchmal, wenn auf Sitzungen Themen kontrovers diskutiert wurden und er spürte, dass sich die Mehrheit gegen ihn wendete, stand er auf, sagte, dass ihm schlecht sei, und ging aus dem Raum. Gelegentlich fing er an zu weinen. Der Mann, der sich am Grab seines Vaters keine Träne abringen konnte, brach zusammen, als ihm der Umweltschutzbund das Fällen von einhundertfünfzig Jahre alten Pechkiefern für eine Zufahrtsstraße verwehren wollte. Alle waren gegen ihn, der Minister, die Umweltschützer, selbst sein eigener Baudezernent saß da und schwieg. Heinrich Scholls Tränen halfen. Seine Gegner sahen sich betroffen an. Einer sagte: »Ach, Herr Scholl, nehmen Sie das doch nicht persönlich.« Heinrich Scholl antwortete, er müsse das aber persönlich nehmen.

Er musste gewinnen, besser sein als die anderen. Immer noch.

Jutta Abromeit, Lokalreporterin der Märkischen Allgemeinen Zeitung, begleitete ihn an einem Tag zu drei verschiedenen Terminen. Morgens Rentnertreff, mittags eine Einweihung, abends Stadtverordnetenversammlung. Heinrich Scholl schnitt immer das gleiche Thema an, aber immer anders, er drehte seine Argumente so, dass sie genau auf die jeweilige Zielgruppe zugeschnitten waren. Alles Gegenteilige ließ er weg. Er schien hundertprozentig an das zu glauben, was er gerade erzählte, aber beim dritten Termin, dem letzten, sagt Jutta Abromeit, habe er sie angesehen und sich schnell weggedreht. »Er begriff, dass ich ihn durchschaute.«

Scholl, sagt sie, konnte Menschen manipulieren, sie vereinnahmen und wie Kronzeugen in seine Argumentation einbauen. »Stimmt's, Frau Abromeit?«, hat er gerne gesagt. Mitten in einer Rede. Vor allen anderen.

Er schaffte es, Menschen zu fangen und gleichzeitig erstaunlich vage zu bleiben. In der Lokalredaktion war er dafür bekannt, Sätze nur anzufangen und nicht zu Ende zu bringen. »Es war total schwer, ihn in Zeitungsartikeln zu zitieren. Ich hatte immer nur halbe Sätze im Block«, sagt Jutta Abromeit.

Es gibt unzählige Bilder von Heinrich Scholl aus dieser Zeit. Scholl mit dem SPD-Vorsitzenden Hans-Jochen Vogel, Scholl mit dem Brandenburger Ministerpräsidenten Manfred Stolpe, Scholl mit der Wirtin vom »Alten Krug«, Scholl mit Sozialministerin Regine Hildebrandt, Scholl mit dem Mercedes-Chef, Scholl mit Jugendlichen bei einer Fernsehdiskussion, Scholl beim Bierzapfen, Scholl im Bagger, Scholl in der Baugrube, Scholl mit Lehrlingen, Scholl beim Stadtgeburtstag, Scholl beim ersten Spatenstich für ein neues Gewerbegebiet, Scholl im neuen Stadtarchiv, Scholl beim Neujahrsempfang, Scholl mit dem Boxer Henry Maske, Scholl mit einer barbusigen Schlangendompteurin, Scholl bei einer Kita-Einweihung, Scholl mit Sport- und Bildungsminister Steffen Reiche, Scholl mit Finanzminister Hans Eichel, Scholl bei der Grundsteinlegung für fünf Stadtvillen, Scholl bei der Übergabe der sechsspurigen Autobahn, Scholl mit Gästen aus Partnerstädten, Scholl beim Fußballspielen, Scholl beim Feuerwehrball, Scholl in der Jury bei der Wahl zur Miss Ludwigsfelde. Er war überall. Im Abwassergulli und auf der Bühne neben Prinz Charles.

Es sind Zeugnisse eines fabelhaften Aufstiegs. Ein Entwicklungsroman-Bildband. Auf den ersten Bildern sind seine

Haare kurz, sein Blick ist jungenhaft, er trägt kurzärmelige Hemden, keine Krawatte, kein Jackett, er weiß nicht wohin mit seinen Armen. Er ist immer der Kleinste von allen. Es sieht aus, als hocke er oder sitze oder spiele mit Riesen Fußball. Unsicherheit überspielt er mit Betriebsamkeit und Lachen. Heinrich Scholl macht Faxen. Manchmal scheinen seine Gesten geübt, lässig, aber dann steht er plötzlich mit freiem Oberkörper neben Karnevalisten oder hält seinem Kämmerer eine Spielzeugpistole an den Kopf. Er ist immer präsent, nie müde. Auf den meisten Fotos sieht man seinen Stolz, es so weit gebracht zu haben. Manchmal aber spürt man auch seine Angst, alles wieder zu verlieren.

Neue Freunde

Brigitte Scholl sah ihren Mann jetzt mehr auf Plakaten und auf Bühnen als zu Hause. Ihr Sohn war erwachsen und lebte im Westen. Die beiden wichtigsten Menschen in ihrem Leben fingen noch einmal von vorne an, während sie in ihrem Haus mit den Möbeln der toten Schwester blieb und ihren Kosmetiksalon weiterführte. Es gab neue Produkte und eine neue Währung. Zu DDR-Zeiten kostete die Standardbehandlung zwanzig Ostmark, ab 1990 zwanzig D-Mark, später zwanzig Euro. Sonst änderte sich nicht viel.

Brigitte Scholls Tagesablauf wurde im Wesentlichen vom Kosmetiksalon und dem Hund bestimmt. Morgens zwischen fünf und halb sechs stand sie auf und ging mit Ursus spazieren, um acht Uhr kam die erste Kundin, um zwölf begann die Mittagspause und ihr täglicher Waldspaziergang, um zwei ging es weiter im Salon, bis achtzehn Uhr. Dann war Abendbrotzeit, und kurz vor dem Schlafengehen ging sie noch einmal mit dem Hund um den Block.

Es war immer noch ein brauner Cockerspaniel, er sah genauso aus wie der, den sie als junge Frau von einem ihrer

Liebhaber geschenkt bekommen hatte, damals, als ihr noch halb Ludwigsfelde zu Füßen lag. Nachdem der erste Hund gestorben war, hatte sie sich einen neuen gekauft, der genauso aussah wie der alte. Braunes gewelltes Fell, Schlappohren, treuer Blick. Brigitte Scholl hatte ihre Mutter verloren und ihre Schwester, ihr Sohn war weggezogen und ihr Mann nie zu Hause. Der Hund blieb.

Sie hielt sich fest an Dingen, die sie kannte, die ihr vertraut waren. Sie hatte sich noch nie gerne aus Ludwigsfelde herausbewegt, und das änderte sich auch nach dem Mauerfall nicht. Sie machte ein paar Reisen mit ihrem Mann – Frankreich, Italien, Südengland –, aber am wohlsten fühlte sie sich zu Hause, in ihrer kleinen überschaubaren Welt, dem Haus, dem Salon, der Badestelle. Ludwigsfelde war ihre Insel, hier fühlte sie sich sicher. Sie musste die Stadt nicht verlassen, um die neue Welt kennenzulernen. Die neue Welt kam zu ihr.

Helga Gerlich, Sozialdemokratin aus Lichtenrade, lernte Brigitte Scholl im Sommer 1990 kennen. »Nach einer Parteiveranstaltung hat Heiner gesagt: Ihr kommt heute mal mit zu mir.« Sie fuhren zum Haus in der Rathenau-Straße. Brigitte Scholl öffnete die Tür, bat sie herein, zeigte ihnen das Haus und entschuldigte sich für die alten Möbel ihrer Schwester. Helga Gerlich sagt, ihr habe das Haus viel besser gefallen als ihr eigenes. Alles sei so gepflegt und aufgeräumt gewesen. Es gebe Frauen, die seien von Natur aus Inneneinrichterinnen. »Brigitte war so eine. Ihr Sternbild ist die ordnungsliebende Jungfrau. So war das ganze Haus«, sagt sie.

Helga Gerlich kam als Kundin wieder. Brigitte Scholls Preise waren niedriger als die in Berliner Kosmetiksalons. »Ich habe zu ihr gesagt: Du musst deine Preise anheben, wenn es sich lohnen soll«, sagt Helga Gerlich. Brigitte Scholl antwortete: »Helga, ich kann von meinen Kundinnen nicht mehr Geld nehmen. So viel haben die nicht.«

Die Sozialdemokratin mochte den engagierten Bürgermeister, der gerade noch im Zirkus Giraffenwagen gebaut hatte, und seine bescheidene Frau, vor allem aber bewunderte sie deren Beziehung, die viel gleichberechtigter zu sein schien als ihre. Heinrich Scholl war zwar der mächtigste Mann in seiner Stadt, aber wenn seine Frau ihn rief, war er sofort zur Stelle. Heiner deckte den Tisch, ging einkaufen, tankte das Auto voll, mähte den Rasen, lief mit dem Hund um den Block. Ohne Widerspruch. Selbst wenn er gerade beschäftigt war, fragte er nicht, ob das nicht Zeit bis später habe, sondern ließ alles stehen und liegen, um die Aufträge seiner Frau zu erfüllen. Ein Traum! Brigitte Scholl konnte ihren Mann sogar mitten in einer wichtigen Besprechung anrufen und ihm die Einkaufsliste durchgeben, ohne dass er sich darüber beschwerte. Abends brachte er ihr Blumen mit.

»Ich hatte immer den Eindruck, Brigitte und Heiner verstehen sich ohne Worte«, sagt Helga Gerlich. »Sie haben nie gestritten, wirklich nie. Brigitte hat mir mal gesagt, dass er ein guter Liebhaber ist, sogar ein sehr guter. Ich habe die Scholls immer um ihre Ehe beneidet und oft zu meinem Mann gesagt: Guck dir den Heiner an.« Helga Gerlich war der festen Überzeugung, die Ehe der Scholls sei beispielhaft. Eine moderne Beziehung, ein Zukunftsmodell.

Auch Klaus Wowereit kam gerne zu Brigitte und Heinrich Scholl zu Besuch. Oft brachte er seine Mutter mit. Sie legte sich auf Gittis Behandlungsliege, ließ sich von ihr Masken auflegen, den Nacken massieren und die Füße pediküren, während ihr Sohn mit Heinrich Scholl in der Küche die Zukunft der Sozialdemokratie erörterte. Wowereit war genervt von den Hierarchien und Machtspielen der alten Männer in seinem Bezirk. »Als ich aufstieg, wollte er schon wieder hinschmeißen«, sagt Heinrich Scholl. »Er war nicht dran in Tempelhof, so hieß es damals.« Wowereit wollte in Brandenburg ein Direktmandat für den Bundestag erobern und so aus Tempelhof wegkommen. In dieser Zeit war er oft in Ludwigsfelde, im SPD-Ortsverein, bei Gitti und Heiner zum Abendessen. Er versuchte, die Probleme im Osten zu verstehen, den Menschen hier nahezukommen. Wenn es spät wurde, übernachtete er im Gästezimmer.

»Heiner und Brigitte hatten gerne Gäste, und alles war schon immer vorbereitet, wenn wir kamen«, sagt Helga Gerlich. »Brigitte konnte nicht anders, sie war eine Perfektionistin.« Einmal haben sie Silvester zusammen gefeiert, im Gasthaus bei Siethen, und am Neujahrsmorgen sind sie eisbaden gegangen. Im Sommer kamen die neuen Freunde aus Westberlin mit zum FKK-Baden an die Kiesgrube. Die große öffentliche Badestelle war gut besucht, die kleine zwischen den Birken leer wie immer, reserviert für Gitti und ihre Badegruppe. Sie breiteten ihre Decken aus, zogen sich aus, sonnten sich, gingen baden. Manchmal kam auch Wowereit mit. Der Klaus.

Brigitte Scholl bewegte sich erstaunlich sicher in den neuen gesellschaftlichen Kreisen, sie lud zum Essen ein, flanierte über Empfänge, führte Leute zusammen. Mal war der Landrat dabei, mal ein Unternehmer aus Köln oder aus der Schweiz. Freunden erzählte sie am Telefon zuerst, wen sie in letzter Zeit wieder alles getroffen habe und wann Heiner in welcher Talkshow zu sehen sein werde. Sie kaufte ihm Anzüge, Hemden, Krawatten und stellte jeden Morgen seine Garderobe zusammen.

Joachim Lehmann*, ein ehemaliger Mitschüler von Brigitte Scholl, dem sie auf einem Klassentreffen wiederbegegnet war, wurde jetzt regelmäßig zu Feiern ins Haus der Scholls eingeladen. Lehmann war Psychologe von Beruf, groß, bärtig, redegewandt, mit ihm konnte man sich sehen lassen. Andere dagegen, alte Freunde, wurden von der Gästeliste gestrichen. Brigitte Scholl hatte sich schon immer nur mit bestimmten Leuten umgeben, aber nun, da ihr Mann Bürgermeister war, wurde sie noch wählerischer. Ihre Freundinnen wurden zwar noch eingeladen, aber Brigitte Scholl schrieb ihnen gerne vor, was sie anzuziehen und wie sich zu benehmen hatten. Gitti, die Schönheitskönigin von Ludwigsfelde, konnte es nicht ertragen, wenn Augenbrauen nicht gezupft und Haare nicht ordentlich gelegt waren. Frauen, die ungeschminkt zu Besuch bei ihr erschienen, wurden auf ihren Kosmetikstuhl gelegt und angemalt, bis sie zufrieden war. Rainer Fischer, Scholls Berliner Geschäftsfreund, lernte Brigitte Scholl auf einem gemeinsamen Kurztrip nach Zürich kennen. Sie waren kaum im Hotel angekommen, da musterte sie Fischers Frau und nahm sie mit auf ihr Zimmer, »um ihr mal zu zeigen, wie man sich richtig zurechtmacht«. Seine Frau habe wie ein Tuschkasten ausgesehen, als sie wieder rauskam, sagt Fischer.

Brigitte Scholl überließ Dinge nicht gern dem Zufall. Sie kümmerte sich. Freunden machte sie Geschenke. Kundinnen besorgte sie Arzttermine und organisierte Fahrgemeinschaften zur Praxis. Sie kaufte Konzert- und Theaterkarten, jedes Buch, das sie las, jeden Film, der ihr gefiel, musste sie weiterempfehlen. Wenn sie mit Ursus den Tierarzt und seine Frau besuchte, begann sie, die Bilder im Wohnzimmer umzuhängen. Ihre Fürsorglichkeit hatte oft etwas Forderndes, Bestimmendes, man konnte sich ihr schlecht entziehen. Das führte zu Missverständnissen – und manchmal auch dazu, dass Leute den Kontakt abbrachen.

Die Freundschaft zwischen Heinrich Scholl und Hans Streck erlitt einen Bruch, als Brigitte Scholl eine nachträgliche Feier zu ihrer Silberhochzeit vorbereitete. Sie hatte die halbe Stadt eingeladen und ein straffes Programm zusammengestellt. Cocktailempfang, Mittagessen, Abendessen sowie eine Führung durch das neue Daimler-Werk. Es sollte ein Fest werden, das man nie vergaß, alles musste perfekt sein. Auch die Garderobe der Gäste.

Der erste Anruf bei Hans Streck in Nordrhein-Westfalen folgte kurz nach der Einladung. Brigitte Scholl wollte von seiner Frau wissen, was sie anziehen werde.

Ein Kleid, sagte Strecks Frau. Was sonst?

Brigitte Scholl erklärte, ein Kleid sei nicht genug, das Fest gehe von morgens bis abends, es gebe mehrere Stationen. Zum Cocktailempfang trage man nicht das Gleiche wie zum Abendessen. Und zur Führung durchs Daimler-Werk könne man natürlich nicht im kleinen Schwarzen auftauchen.

Hans Streck war Heinrich Scholls bester Schulfreund, er kannte Brigitte Scholls Nörgeleien seit vielen Jahren und hasste sie. Aber diesmal war es schlimmer. Jeden Tag rief Brigitte Scholl an und gab seiner Frau neue Anweisungen. An die passenden Schuhe müsse sie denken und an den Schmuck und an eine Jacke, falls es kühl werde. Immer wieder klingelte das Telefon. Am Ende hob seine Frau nicht mehr ab und erklärte, sie fahre da nicht hin, um nichts in der Welt. Ihr Mann versuchte gar nicht erst, sie zu überreden. Er erklärte es Heinrich Scholl am Telefon. Der sagte, es tue ihm leid, Gitti habe es sicher nicht so gemeint. Brigitte Scholl entschuldigte sich nicht. Hans Streck und seine Frau blieben zu Hause.

Brigitte Scholl kümmerte sich vor allem um Frauen, aber manchmal traf es auch Männer. Einen Schweizer Geschäftspartner ihres Mannes fragte sie aus heiterem Himmel, ob er rauche, ihr sei aufgefallen, dass er so gelbe Zähne habe. Einem Ludwigsfelder Stadtverordneten legte sie ans Herz, sich mal wieder den Nacken ausrasieren zu lassen. Ihre Bemerkungen waren Gift. Kleine, wohldosierte Spritzen, mit denen sie einen ganzen Tisch zum Schweigen bringen konnte. Am liebsten führte sie ihren Mann vor. Wenn sie Besuch von Freunden hatten und die Männer Fußball sehen wollten, sagte sie, Heiner müsse aber erst noch den Wagen waschen. Sie ließ ihn die Hecke schneiden, und wenn sie mit dem Ergebnis nicht zufrieden war, bestellte sie am nächsten Tag den Gärtner. Kundinnen hörten mit, wie sie ihn aufforderte, den Rasen zu mähen, »und zwar jetzt und nicht erst heute Abend«.

Selbst der Ministerpräsident von Brandenburg wurde Zeuge, wie die Frau des Bürgermeisters mit ihrem Mann umsprang. Heinrich Scholl hatte im Ludwigsfelder Kulturhaus eine Rede gehalten und war von der Bühne zurück an den Tisch gekommen, an dem Manfred Stolpe, Rainer Speer und Matthias Platzeck saßen, Brandenburgs erste Riege. Der Saal klatschte noch. Ein Staatssekretär sagte: »Mensch, Heiner, bombig«, und hob die Rotweinflasche, um Scholl ein Glas einzugießen. Brigitte Scholl hielt das Glas zu und sagte: »Mein Mann hat vorhin schon ein Glas getrunken.« Der Staatssekretär sagte, nach der phantastischen Rede habe sich Scholl ein zweites Glas verdient. Brigitte Scholl sagte, das finde sie nicht. Dafür habe er zu oft »Äh« gesagt.

Brigitte Scholl liebte es, ihren Mann zu demütigen. Viele wussten das. Wenn Heinrich Scholl etwas später an der Badestelle erschien, lästerten seine FKK-Freunde, er habe wohl erst noch den Flur wischen müssen. Einmal kam er ohne Turnschuhe zum jährlichen Fußballspiel der Lokalzeitung. Seine Frau hätte ihn nicht gehen lassen, bevor alle Aufträge abgearbeitet waren. Er schlich sich ohne Schuhe aus dem Haus. Zu mehr häuslichem Aufruhr war Heinrich Scholl nicht in der Lage.

Die Ludwigsfelder Reporterin Jutta Abromeit hat einmal erlebt, wie sich der Bürgermeister gegen die Vereinnahmung seiner Frau zu wehren versuchte. Scholl hatte gerade eine Linde vorm ältesten Ludwigsfelder Restaurant gepflanzt und stand mit ein paar Gästen beim Bier zusammen. Es war ein warmer Sommertag. Jutta Abromeit sprach mit Heinrich Scholl, als dessen Frau auftauchte und erklärte: »Wir gehen dann nach Hause.«

Der Bürgermeister tat so, als habe er nichts gehört, und unterhielt sich weiter mit der Journalistin. Er drehte sich nicht einmal um.

Seine Frau wartete eine ganze Weile, dann ging sie.

Zu Beginn seiner Amtszeit als Bürgermeister begleitete Brigitte Scholl ihren Mann noch oft zu Veranstaltungen und Einweihungen. Später blieb sie lieber zu Hause. Sie hasste es, an seiner Seite herumzustehen wie eine Vase. Die Westberliner Sozialdemokraten, die sie gemocht hatte, ließen sich ohnehin nur noch selten in Ludwigsfelde blicken. Klaus Wowereits Mutter war gestorben, er war mit seinem Direktmandat in Brandenburg gescheitert und wurde 2001 statt Bundestagsabgeordneter Regierender Bürgermeister von Berlin. Helga Gerlich erzählte sie nicht mehr von ihrem tollen Sexleben, sondern beklagte sich darüber, dass sie oft allein sei. Wenn Heiner spät nach Hause komme, rieche er nach Alkohol, das möge sie nicht. Kam er gar nicht, telefonierte sie ihm hinterher. Wenn Joachim Lehmann als Psychologe in Ludwigsfelde Termine hatte, bestand sie darauf, dass er hinterher noch »ganz kurz« bei ihr vorbeikam. Sie bereitete dann riesige Essen vor und bewirtete ihn, wie sie früher, als sie noch die schöne reiche Friseurtochter war, ihre Mitschüler nach der Schule bewirtet hatte. Joachim Lehmann sagt, Brigitte Scholl habe ihm leidgetan.

Jeden Tag telefonierte sie mit ihren Freundinnen. Sie teilte ihnen mit, was sie gerade las und welche Sendung sie nicht verpassen durften. Sie kannte jede neue Diät, jede neue Behandlungsmethode, jeden Arzt in der Umgebung, jedes neue Restaurant, jedes neue Geschäft und jeden Witz. Einer ging so: »Was macht eine Frau frühmorgens mit ihrem Arsch? – Den schickt sie zur Arbeit.« An dieser Stelle machte Brigitte Scholl eine Pause. Dann sagte sie: »Ich hab meinen schon zur Arbeit geschickt.« Und lachte sich halb tot.

Brigitte Scholl kämpfte um einen Platz an der Seite ihres Mannes. Sie hatte Schwierigkeiten mit dem Schattendasein. Sie brauchte eine Aufgabe. Sie fand sie im Ludwigsfelder Frauenhaus. Brigitte Scholl wollte dort gern helfen, aber so, dass man es auch merkte. In der ganzen Stadt. Sie gründete etwas ganz Neues. Einen Adventsmarkt, dessen Erlös dem Frauenhaus zugutekommen sollte.

Wochenlang sammelten Brigitte Scholl und ihre Freundin Heike alte Sachen zusammen, die sie verkaufen konnten. Es war die Zeit, als die Leute in Ludwigsfelde sich komplett neu einrichteten und ihre alten DDR-Sachen loswerden wollten. Der erste Adventsmarkt unter der Schirmherrschaft der Bürgermeistergattin fand auf dem Kinovorplatz statt. Brigitte Scholl begrüßte die Gäste. Ihr Mann stand neben ihr. Danach gingen die beiden von Stand zu Stand wie ein Königspaar, verteilten Lächeln und gute Worte. Brigitte Scholl lief einen halben Schritt vor ihrem Mann, sie führte. Der Adventsmarkt fand nun jedes Jahr statt. Auf dem großen Platz vor dem Rathaus oder im Kulturhaus. Ein Chor sang, Brandenburger Künstler verkauften Bilder und Holzarbeiten, der Weihnachtsmann wurde vom PDS-Fraktionschef gespielt. Brigitte Scholl hatte eine neue Rolle gefunden. Sie war jetzt die Charity-Queen der Stadt, eine Art Lady Di von Ludwigsfelde. Sie verabredete sich mit Firmenchefs, berichtete ihnen vom Leid der Frauen, die von ihren Männern misshandelt wurden, und ging nicht eher, bis die Firmenchefs einen Scheck unterschrieben hatten. In ihrem Salon stand eine kleine Sparbüchse. Wenn ihre Kundinnen ihr Trinkgeld geben wollten, sagte sie: »Nein danke, aber wenn Sie eine kleine Spende für das Frauenhaus hätten …«

Auf dem Gipfel

Aber auch Heinrich Scholl machte weiter. Die Ludwigsfelder nannten ihn inzwischen Napoleon, weil er so klein und so ehrgeizig war. Der ein Meter fünfundsechzig große Welteroberer. Es reichte ihm nicht, Bürgermeister einer Vorzeigestadt zu sein. Dass er das konnte, wusste er ja. Er brauchte neue Herausforderungen. Früher hatte er geturnt und gerudert, jetzt rannte er und spielte Fußball, und irgendwann fing er dann mit dem Bergsteigen an.

Auslöser war eine Bemerkung seiner Frau. Sie waren zum Wandern nach Südtirol gefahren und saßen vor einer Berghütte in der Sonne, als ein Mann vorbeikam, der gerade vom Ortler, dem höchsten Berg in Südtirol, abgestiegen war. Brigitte Scholl fragte ihn, wie alt er sei. Siebzig, sagte der Bergsteiger. Brigitte Scholl sagte zu ihrem Mann: »Heiner, hast du gehört? Der Mann ist schon siebzig und war auf dem Ortler. Das traust du dich nicht.«

Heinrich Scholl hatte ein neues Ziel.

Sein Aufstieg zum Ortler begann um sechs Uhr morgens, um 10.30 Uhr stand er auf dem Gipfel, nachmittags war er wieder in der Hütte. Kaum war er aus dem Urlaub zurückgekehrt, meldete er sich im Deutschen Alpenverein an. Er nahm an einwöchigen Bergsteigerkursen teil, lernte Klettern und Steigetechniken, joggte mit Sandsäcken im Rucksack durch den Ludwigsfelder Kiefernwald, buchte für das nächste Jahr gleich wieder einen Kurs. Dreiundzwanzig engbeschriebene Seiten hat Heinrich Scholl in seinen Notizen über sein Leben dem Bergsteigen gewidmet. Oft kommt der Satz vor: »Ich bin am Ende meiner Kräfte«, wenig später folgt dann aber die Belohnung: »Ein phantastischer Sonnenaufgang.« Dreiundzwanzig Seiten unendliche Qualen und traumhafte Sonnenaufgänge.

Sein wichtigster Begleiter in dieser Lebensphase hieß Wolfgang und war sein Bergführer. Wenn Heinrich Scholl freihatte, fuhr er nicht mehr mit seiner Frau in den Urlaub, sondern ging mit Wolfgang bergsteigen. Wenn Wolfgang sagte: »Jetzt schaffst du auch noch den Mont Blanc«, hatte Heinrich Scholls Leben wieder einen Sinn. Wenn Wolfgang sagte: »Wir müssen weiter«, lief er weiter.

Er habe oft gedacht: Es geht nicht, du kannst nicht mehr, sagt Heinrich Scholl. Aber es ging immer. Und genau das habe ihm am Bergsteigen so gut gefallen. »Die Herausforderung an sich selbst, sich durchzusetzen«, sagt er. »Das ist nicht nur Quälerei, da ist man dem Tod nahe. Man merkt, man ist kein Schwächling, und man ist so stolz auf sich.«

Heinrich Scholl hat den Kilimandscharo bestiegen, den Aconcagua, den Mont Blanc und schaffte es beinahe auf den Mount Everest. Er kletterte 7200 Meter hoch, ohne Sauerstoffflasche. Einmal sind ihm seine Zehennägel abgefroren, einmal ist er fast eingeschneit, einmal dachte er, er stirbt. Aber es war nie hoch genug für die Ludwigsfelder. Ein Witz, den man sich in Ludwigsfelde erzählte, ging so: »Warum klettert Heinrich Scholl auf den Kilimandscharo? – Er möchte endlich mal der Größte sein.«

Steffen Reiche hat Heinrich Scholl auf den Kilimandscharo begleitet. Der Pfarrer und Mitbegründer der Ost-SPD war inzwischen Sportminister von Brandenburg und Marathonläufer. Wenn sich die Männer bei Terminen trafen, verglichen sie ihre Höchstleistungen. Einmal sagte Steffen Reiche zu Heinrich Scholl, wenn er sich den Kilimandscharo vornehme, solle er Bescheid sagen. Ein paar Monate später rief Scholl bei Reiche an und sagte, es sei so weit. Sie hätten schon eine Gruppe zusammen, könnten aber noch einen Teilnehmer gebrauchen. Reiche sagte zu, ließ dann allerdings die Vorbereitungen ein wenig schleifen, bestellte das Visum zu spät und holte es nicht rechtzeitig von der Post ab.

Heinrich Scholl tobte, als Steffen Reiche ihn anrief und sagte, er stehe vor der Post, und die habe vor einer halben Stunde zugemacht. Steffen Reiche erinnert sich fast besser an Scholls Wutanfall als an den Aufstieg auf den Kilimandscharo. Und auch daran, dass Scholl schließlich eine Lösung fand. Der Filialleiter der Poststelle war Vorsitzender des Handballvereins in Ludwigsfelde. Scholl rief an, der Mann kam zur Post, schloss auf und suchte Steffen Reiche den Brief mit seinem Visum heraus.

Sie flogen über Amsterdam nach Nairobi, fuhren durch den Krüger-Nationalpark und schließlich zum Fuß des Berges. Der Aufstieg dauerte mehrere Tage. In seinen Notizen erinnert sich Heinrich Scholl an »diesen furchtbar steilen Vulkankegel«, den »Blick über den Krater«, den »Gletscher mit den zwanzig Meter hohen Abbruchwänden« und selbstverständlich an »einen phantastischen Sonnenaufgang«. Steffen Reiche weiß noch, dass er sich gefühlt hat »wie ein fünfundneunzigjähriger Mann, der von seiner Pflegerin auf den Balkon geschoben wird. Uns wurde gesagt, zweimal atmen, ein Schritt, aber das half alles nichts. Meine Beine konnten einfach nicht mehr.«

Als sie oben waren, morgens um sechs, holte Heinrich Scholl eine kleine rot-weiße Fahne mit dem Brandenburger Landeswappen aus seinem Rucksack, steckte sie in den Sand, und die beiden Politiker ließen sich vom Bergführer fotografieren. Einzeln und zusammen. Nur eins der Fotos schaffte es in die Bild-Zeitung. Das von Sportminister Reiche.

Dabei hatte Scholl die Fahne Brandenburgs auf den höchsten Berg Afrikas getragen.

Brigitte Scholl war nun noch öfter alleine zu Hause. Auch im Urlaub. Einmal schloss sie sich einer Reisegruppe nach Marokko an, ein anderes Mal suchte sie eine Begleiterin für eine Türkeireise. Aber niemand hatte Zeit oder konnte sich vorstellen, mit Gitti zwei Wochen zusammen zu sein. Zum Glück hatte sie ihren Salon, den Hund und einen netten Nachbarn, der ihr die Mülltonnen herausstellte, mit ihr zum Großmarkt fuhr, um Pflanzen für den Garten zu kaufen, und sie zu Arztterminen nach Berlin chauffierte. Abends sah sie fern oder las Romane, die »Federn im Wind«, »Wege der Liebe« oder »Blumen im Regen« hießen. Ihre Freundinnen luden sie zu sich nach Hause ein. Brigitte Scholl kam selten. Sie war lieber selber Gastgeberin.

Eines Tages fand Brigitte Scholl im Briefkasten einen anonymen Brief, in dem ihr mitgeteilt wurde, dass ihr Mann ein Verhältnis mit einer Rathausmitarbeiterin habe. Sie hatte so etwas schon vermutet. Sie war nicht überrascht, fühlte sich aber zutiefst gedemütigt. Stolz und Großzügigkeit gehörten zu Brigitte Scholls Haltung, zu ihrer Stellung in der Stadt, zu ihrem Ansehen. Nichts war ihr wichtiger, als was die Leute im Ort von ihr dachten, das hatte sie von ihrer Mutter gelernt. Jetzt war ihr Ruf ruiniert.

Die Gerüchte stimmten: Heinrich Scholl war sechzig Jahre alt, als er sich das erste Mal in seinem Leben verliebte, sagt er. Richtig verliebte. Seine Frau hatte er geheiratet, weil sie schön und wohlhabend war und einen Vater für ihr Kind brauchte. Es war eine Vernunftehe gewesen. Die neue Beziehung war alles andere als vernünftig. Sie war mehr als zwanzig Jahre jünger, hatte ein Kind und einen Mann, sie arbeitete im Rathaus wie er, sie war seine Mitarbeiterin, er war ihr Chef.

Er wollte nur noch mit dieser Frau zusammen sein. Er fand, dass sie aussah wie die Schauspielerin Julia Roberts. Vor allem wenn sie lachte. Manchmal wartete er mit dem Auto nach der Arbeit in einer Seitenstraße, und dann fuhren sie in einen Landgasthof essen oder in ein kleines Haus am See, für das ihm ein Freund die Schlüssel gegeben hatte.

Im Rathaus sprach sich das natürlich schnell herum. Scholl war Bürgermeister. Der betrogene Ehemann rief in seinem Büro an, wenn seine Frau nicht pünktlich nach Hause kam. Sie hielt den Druck nicht lange aus und beendete die Beziehung.

Brigitte Scholl reagierte auf ihre Art auf den Ehebruch ihres Mannes. Sie warf ihn nicht hinaus. Das hätte ihrem Ruf nur noch mehr geschadet. Sie ging ins Bestattungsinstitut Klotz und kaufte sich ein Urnengrab mit einer kleinen Marmorplatte, auf der ihr Name stehen sollte. Das Grab sollte nur für sie sein. Die Totenrede sollte ihr Sohn Frank halten.

Nur ihn und ihre Freundin Inge aus Anklam weihte sie in ihre Pläne ein. Sie mussten Brigitte Scholl versprechen, dass ihr Mann nie an ihrem Grab stehen würde.

Therapie

Heinrich Scholl wurde krank. Er hatte sein Leben lang Probleme mit dem Magen gehabt, genau wie sein Vater. Seine Schwiegermutter hatte ihn mit Rollkuren behandelt, in seiner Zeit im Autowerk war er manchmal wochenlang krankgeschrieben. Aber so schlimm wie nach der Trennung von seiner Geliebten war es nie gewesen. Er hatte unerträgliche Schmerzen, musste Besprechungen verlassen, Einlagen tragen, verlor viel Blut. Ein Arzt diagnostizierte Colitis ulcerosa, eine schwere chronische Darmentzündung, deren Ursachen weitgehend unbekannt sind. Genetische Vorbelastung kann eine Rolle spielen, aber auch Stress.

Scholl lief von einem Arzt zum anderen, probierte verschiedene Medikamente aus. Nichts half. Ein Professor im Westendklinikum Berlin sagte: »Wir kriegen Sie hier nicht hin, Herr Scholl. Ich kann da nichts machen.« Er verschrieb ihm einen Kuraufenthalt am Tegernsee. Dort könne man wandern, sagte der Professor, außerdem gebe es eine gute Therapeutin.

Heinrich Scholl war noch nie zur Therapie gewesen. Er

stellte sich eine rote Couch vor, an deren Kopfende der Psychologe saß, wie in Hollywoodfilmen. Die Vorstellung, auf dieser Couch zu liegen und über seine Sorgen zu reden, belustigte ihn. Aber er hatte keine Wahl, er konnte nicht mehr zur Arbeit gehen, er verlor immer mehr Gewicht, und der Arzt sagte, aus der Entzündung könne sich Krebs entwickeln. Der Bürgermeister von Ludwigsfelde gab seine Geschäfte im Rathaus an seinen Stellvertreter ab und fuhr nach Bayern.

Seinen ersten Therapietermin hatte er kurz nach seiner Ankunft. Es gab eine Couch, genau wie im Film, und eine Psychologin. »Sie war um die vierzig, gutaussehend«, sagt Scholl. »Ich hab gedacht, die ist doch viel zu jung.«

Er erzählte von seiner Arbeit als Bürgermeister, wie er in den letzten fünfzehn Jahren seine Stadt vorangebracht hatte. Und wie schwierig das war, wie er jedes Mal kämpfen musste, und immer ganz alleine, vor allem bei seinem jüngsten Projekt, einer zwanzig Millionen Euro teuren Therme, mit der er die alte Schwimmhalle ersetzen wollte. Sein Leben war ein einziger Kampf. Heinrich gegen den Rest der Welt. Scholl redete und redete, denn das konnte er, aber irgendwann fragte die Therapeutin: »Sind Sie glücklich verheiratet, Herr Scholl?«

Er sagte: »Ich bin verheiratet, aber ich würde nicht sagen glücklich.«

Die Therapeutin fragte, warum. Er zuckte mit den Schultern. Er wusste es nicht. Er war seit vierzig Jahren mit Gitti verheiratet, er spürte, dass etwas nicht stimmte, dass sie sich immer weiter voneinander entfernten, dass er nicht mehr gerne mit ihr zusammen war und sie nicht mit ihm. Aber er hatte nie darüber nachgedacht, was die Gründe dafür sein könnten.

Die Therapeutin sagte, dass es ihm vielleicht leichter falle, darüber nachzudenken, wenn er alles, was ihm dazu einfiele, auf Zettel schreibe. Das war seine Hausaufgabe: »Schreiben Sie auf, was Sie an Ihrer Frau stört, Herr Scholl.«

Zur nächsten Sitzung brachte Heinrich Scholl kleine Zettel mit Notizen mit. Darauf stand:

»Gängelt mich.«

»Lässt mich meine Bilder nicht aufhängen.«

»Hat einen Putzwahn.«

»Behandelt mich wie kleines Kind.«

»Keine Liebe mehr!«

Es waren viele Zettel. Heinrich Scholl musste jeden laut vorlesen, jeden einzelnen Vorwurf. Es fiel ihm leichter, als er gedacht hatte. Er sagt, ihm sei in diesem Moment das erste Mal bewusst geworden, dass diese ständigen Maßregelungen seiner Frau ihn innerlich kaputtgemacht hatten. »Ich konnte darauf nicht reagieren. Nie«, sagt er.

»Herr Scholl, Sie schlucken das alles runter. Hauen Sie doch mal zu Hause mit der Faust auf den Tisch. Haben Sie sie denn mal richtig angeschrien?«, sagte die Therapeutin.

»Nee, kann ich nicht, bin ich nicht der Typ«, sagte Scholl.

»Dann haben Sie nur eine Chance, wieder gesund zu werden. Sie müssen eine Auszeit nehmen oder sich komplett trennen.«

Es war kein Ratschlag, es war ein Auftrag. Heinrich Scholl fuhr zurück nach Ludwigsfelde mit der festen Absicht, sich nicht mehr alles gefallen zu lassen von seiner Frau. Aber es war nicht leicht. Wenn sie von ihm verlangte, morgens vor der Arbeit noch das Laub auf dem Rasen zusammenzuharken, sagte er, das könne er doch auch abends machen. Sie schwieg. Als Scholl abends nach Hause kam, hatte sie schon den Rasen geharkt. Dafür machte sie ihm kein Abendbrot. Sein Teller war leer. Er ging nach oben in sein Zimmer, ohne zu essen. Er hatte einen starken Willen, das hielt er aus. So sah er das, so regelte er das. Im Haus der vorbildlichen Scholls spielten sich Szenen ab wie im »Rosenkrieg«. Einmal aber gab es eine ganze Woche kein Abendbrot, weil er nach einer Besprechung eine halbe Stunde zu spät nach Hause gekommen war. Da packte er seinen Koffer und zog in die Wohnung eines Freundes in Berlin. Es war sein zweiter Ausbruch von zu Hause. Als er zurückkam, nach sechs Wochen, schien sich seine Frau zu freuen, machte ihm Essen, nannte ihn »Liebling«.

Nach drei Wochen war alles wieder wie immer.

»Sie hatte so eine Art, sie ließ einfach nicht locker«, sagt ihre Freundin Karin Singer. Als Heinrich Scholl von der Kur kam, wurde es besonders deutlich. Nun war jemand da, der sich wehrte, der sie herausforderte. »Er hatte dort ja psychologische Betreuung bekommen und sich sehr verändert. Er dachte, er müsse sich jetzt nicht mehr alles von Gitti gefallen lassen. Aber er konnte sich einfach nicht durchsetzen. Ich hab zu ihr gesagt: Nun lass ihn doch mal.«

Einmal, als er wegen seines Darmleidens ins Krankenhaus musste und sie ihn dort besuchte, schickte er sie mit den Worten weg: »Du bist meine Krankheit.« Gitti war gekränkt. Bereit, sich zu ändern, war sie nicht.

Immerhin konnte Heinrich Scholl seine Frau überreden, mit ihm zur Paartherapie zu gehen. Ein Freund hatte ihm von einem Pfarrer in Berlin erzählt, der Eheberatung anbot. Brigitte Scholl wollte nicht, aber ein Pfarrer klang für sie weniger bedrohlich als ein Therapeut. Und Berlin war weit genug weg. Es bestand keine Gefahr, dass jemand in Ludwigsfelde davon Wind bekommen könnte. Sie zog ein schönes Kleid an und ließ sich von ihrem Mann in die Hauptstadt fahren.

Der Pfarrer begrüßte das Ehepaar. Dann schlug er vor, zunächst mit jedem der Partner einzeln zu sprechen. Heinrich Scholl, der den Termin ausgemacht hatte, sollte beginnen, seine Frau vor der Tür warten, bis er sie reinrufen würde.

Es ist ein ganz übliches Verfahren bei Paartherapien. Der Therapeut möchte sich zunächst von demjenigen, der Hilfe gesucht hat, erzählen lassen, was die Gründe dafür sind. Anschließend ist der andere dran, und danach werden beide zusammen geholt, um Lösungen für ihre Probleme zu finden.

Brigitte Scholl aber sah nur, dass ihr Mann bevorzugt wurde. Sie war zu dem Zeitpunkt eine Frau von sechzig Jahren, die nie gelernt hatte, über ihre Probleme zu sprechen. Die Eltern hatten ihre Sorgen mit Alkohol weggespült, die Schwester mit Tabletten runtergeschluckt. Alles, woran sie sich festhielt, war ihre Autorität. Nun saß sie vor der Tür und stellte sich vor, wie ihr Mann und der Pfarrer einen Plan ausheckten, sie über den Tisch zu ziehen. Sie glaubte an eine Verschwörung, ein abgekartetes Spiel. Als der Therapeut sie später hereinrief, sagte sie: »Mein Mann hat Sie doch sicher schon bezahlt, oder?« Dann drehte sie sich auf dem Absatz um und ließ die beiden Männer sitzen.

Ihrer Freundin Inge erzählte sie später am Telefon empört von dem Besuch in Berlin. Heiner und sie seien bei einem Pfarrer gewesen, der ihr vorwerfen wollte, zu Hause die Oberbestimmerin zu sein. Inge Karther sagt, sie habe Brigitte immer mal wieder geraten, Heiner nicht so sehr einzuschränken, einmal sei er sogar dabei gewesen. »Aber wer sie kannte, wusste, dass es eigentlich keinen Sinn hatte. Sie hat es nicht böse gemeint, sie war einfach so.« Sie konnte nicht zurück.

Heinrich Scholls Versuch, seine Ehe zu retten, war gescheitert. Aber eine Trennung kam für ihn genauso wenig in Frage wie für seine Frau. In dieser Beziehung waren sie sich einig. Brigitte Scholl wollte den Schein wahren. Heinrich Scholl wollte nicht aufgeben, was er sich hart erarbeitet hatte in seinem Leben. Sie waren unzertrennlich.

Im Ruhestand

Je weniger Heinrich Scholl zu Hause zu sagen hatte, desto machtbewusster wurde er in seinem Amt. Im Stadtmuseum hing jetzt sein Porträt in Öl. Heinrich I. Sein Büro im Rathaus war mindestens dreimal so groß wie das in der alten Baracke. Er war daran gewöhnt, seine Ideen durchzusetzen. Widerstand verstand er als persönlichen Angriff.

»Scholl war ungekrönter König der Stadt«, sagt die Journalistin Jutta Abromeit.

Dieter Ertelt, Scholls langjähriger Stellvertreter, war vorzeitig in Rente gegangen. Das lag nicht zuletzt an seinem Chef. Scholl habe am liebsten alles selbst gemacht und immer sofort, sagt Dieter Ertelt. »Wenn er etwas unbedingt wollte, war er, ich will jetzt nicht sagen, skrupellos. Ich hab mal zu ihm gesagt, du bist jetzt hier für die SPD. Er hat gesagt, wenn die SPD mich nicht mehr will, trete ich eben wieder aus.«

Dieter Ertelt war nicht der Einzige, der sich von Scholl zurückzog. Die Zahl seiner Kritiker wuchs, seine Ideen fanden nicht mehr so viele Anhänger. Den Verkauf von Sozialwohnungen an private Anleger bekam er gerade noch so durch. Ein Outlet-Center unter der Autobahnbrücke nicht. Scholl scheiterte, das erste Mal in seiner Karriere. Am Ende schien auch sein großer Traum zu scheitern, das Projekt, mit dem er sich in Ludwigsfelde unsterblich machen wollte. Die FKK-Therme.

Die alte Schwimmhalle, in der Scholl nach seiner Zirkuszeit gearbeitet hatte, sollte durch eine neue ersetzt werden. Zwei Jahre lang verhandelte der Bürgermeister mit einer Firma, die ihm ein Hallenbad mit zwei Saunen bauen wollte. Alles schien schon klar zu sein, das Land hatte Fördermittel zugesagt. Da tauchte plötzlich Heinz Steinhart auf, ein neuer Investor, der im ganzen Land Thermen und Spaßbäder betrieb. Er sah sich Scholls Schwimmhallenpläne an und sagte: »Ja, natürlich, das ist so, wie jede Stadt plant. Von allem etwas und nichts richtig.«

Es war einer dieser Sätze, die Heinrich Scholls Ehrgeiz anstachelten. Steinharts Vorschlag war zwar doppelt so teuer wie der erste, aber der Bürgermeister, der immer der Beste sein musste, wollte keine Nullachtfünfzehn-Schwimmhalle in seiner Stadt. Er wollte die schönste Schwimmhalle Deutschlands. Die Therme von Ludwigsfelde sollte sein letztes Projekt werden, das Abschiedsgeschenk des Königs an sein Volk. Ein römisches Bad. Das Problem war nur, dass das Volk das Geschenk gar nicht wollte.

Die Stadtverordneten rebellierten gegen das Zwanzig-Millionen-Bad. Sie wollten eine Schwimmhalle, keinen Wellnesstempel. Sportminister Reiche weigerte sich, Fördergelder zu zahlen. Im Ort kursierte der Mitschnitt eines ARD-Beitrages aus den neunziger Jahren, in dem der Bäderkönig Steinhart schlecht wegkam. Für Heinrich Scholl waren das alte Geschichten. Jeder habe eine zweite Chance verdient, sagt er. Steinhart sei einfach ein guter Geschäftspartner gewesen.

Steinhart sagt, als er damals dazukam, »in der Vorbereitungsphase«, wäre er fast wieder abgefahren. »Da, wo heute die Therme ist, standen damals noch die alten Baracken von den Russen. Ich konnte mir nicht vorstellen, wie man in diese Stadt Freizeit bringen soll.« Erst Scholl habe ihn überzeugt, und das nicht nur, weil er in seiner Stadt den niedrigsten Steuersatz in ganz Brandenburg hatte. »Er war ein starker Bürgermeister, sehr raffiniert, mit guten Verbindungen. Er hat mal zu mir gesagt, dass er manchmal das Gegenteil von dem beantragen muss, was er erreichen will.«

Das Bad wurde Heinrich Scholls neuer Lebensinhalt. Er war seit fünfzehn Jahren im Amt und stand kurz vor der Rente, aber um die Therme kämpfte er, als ginge es noch einmal um alles. Er sah sich Steinharts andere Bäder an, traf sich mit Architekten, lernte den Unterschied zwischen Hütten-, Grotten-, Heu- und Rosen-Lavendel-Dampf-Saunen kennen und hatte ständig neue Ideen: Die Therme sollte ein Eiscafé haben und eine Empore mit Liegen, so dass die Badegäste beim Mondscheinschwimmen durch die Glaskuppel in die Sterne schauen konnten. Auch die FKK-Idee stammte von ihm. Klar.

Als das Bad fast fertig war, sagte Steinhart: »Herr Scholl, wir brauchen ein Alleinstellungsmerkmal für diese Therme, etwas, das kein anderes Bad im Umkreis hat.«

Scholl antwortete: »Wir könnten FKK machen.«

Steinhart, ein bayerischer Katholik, war anfangs skeptisch, genau wie andere im Ort. Wie sollte man in einem Nacktbad Schulschwimmen organisieren? Wie sollten Lehrer einen entspannten Sonntag in der Therme verbringen, wenn sie ständig Angst haben mussten, einem ihrer Schüler zu begegnen? Aber auch dafür fand der Bürgermeister eine Lösung: zwei Textiltage in der Woche, mittwochs und sonntags. Die 25-Meter-Schwimmbahn sollte vom Nacktbereich getrennt werden. Heinrich Scholl versuchte, es allen recht zu machen. Aber seine Gegner fanden immer wieder einen Grund, ihn zu kritisieren. Der Druck auf Scholl wurde größer, sein Darmleiden schlimmer. Wenn er über die ersten Jahre seiner Amtszeit spricht, schwingen immer auch der Stolz und die Überraschung mit, es so weit gebracht zu haben. Wenn er über die letzten Jahre spricht, ist von Neidern die Rede, die ihm seinen Erfolg nicht gönnen wollten.

In seinen Notizen heißt es: »Verhärtete Situation, unangenehme Stimmung, offene Anschuldigungen, leider auch von meinen ›Freunden‹ aus der eigenen Partei. Mit vielen Problemen wird die Therme zu Ende gebaut. Alles wird sehr schön und hochwertig, viel Marmor, schöne Deko mit Edelsteinen, aber keiner will sich so richtig freuen. Ich trinke mit Steinhart an einem Abend drei Flaschen Rotwein!«

Zur Eröffnung, am Karfreitag, war die Therme festlich geschmückt. Heinrich Scholl und der Vorsitzende der Stadtverordnetenversammlung standen bereit. Hinter der Kasse warteten die neuen Kassiererinnen auf die ersten Gäste. Jutta Abromeit, die als Lokalreporterin den Bau der Therme jahrelang kritisch begleitet hatte, stand nicht auf der Gästeliste. Sie kam trotzdem und wurde vom Badbetreiber rausgeworfen. Hausverbot.

Die Eröffnung der Therme war Heinrich Scholls letzter großer Auftritt als Bürgermeister.

Im Januar 2008 wurde er fünfundsechzig und legte sein Amt nieder. Zu seinem Abschied kamen noch einmal viele seiner politischen Weggefährten: Klaus Wowereit, Manfred Stolpe, Matthias Platzeck, die Lichtenrader Sozialdemokraten. Seine Frau kümmerte sich um die Tischdekoration. Sie brachte Deckchen mit sowie Gestecke, die sie selbst aus Moos, Beeren, Tannenzapfen und Kerzen gebastelt hatte. Moosarbeiten waren Brigitte Scholls neues Hobby. In ihrem Keller hatte sie sich eine kleine Werkstatt eingerichtet. Und mittags, beim Spaziergang mit dem Hund, nahm sie jetzt oft einen Korb mit, verließ den Hauptweg und ging tief in den Wald hinein, um frisches Moos zu sammeln.

Es wurde eine schöne Feier mit vielen Reden, in denen noch einmal Heinrich Scholls Leistungen für seine Stadt gewürdigt wurden. Er genoss den Abend. Fast zwanzig Jahre lang war er Bürgermeister von Ludwigsfelde gewesen, und es war Zeit, dass ein anderer an die Macht kam. Es war gut so. Er freute sich darauf, ausschlafen zu können und nicht mehr jeden Tag ins Rathaus zu müssen.

Der erste Tag als Rentner war genau so, wie er es sich vorgestellt hatte. Er schlief lange, frühstückte ausgiebig, öffnete Geschenke, las Abschiedsgrüße, ging mittags mit seiner Frau und dem Hund im Wald spazieren. Anschließend fuhr er, immer noch ein wenig beschwingt von den Reden über seine Leistungen und Verdienste, zurück in sein Büro, trank hier und da einen Kaffee, wertete den Abend aus, holte seine restlichen Sachen ab und fiel abends zufrieden ins Bett.

Am zweiten und dritten Tag merkte er, dass ihm seine Termine fehlten, seine Sekretärin, seine Besprechungen, seine Mittagessen im Da Toni, seinem Lieblingsrestaurant. In seinem schönen verglasten Büro im Rathaus saß jetzt Scholls Kämmerer. Er war der neue Bürgermeister geworden, ein ruhiger Mann aus dem Westen, der früher beim Rechnungshof gearbeitet hatte. Als eine seiner ersten Amtshandlungen ließ er auf den großen Platz vor dem Rathaus Blumenkübel stellen. Heinrich Scholl war entsetzt. Die Kübel zerstörten doch den Gesamteindruck des Platzes! Aber niemand schien seinen Ärger zu teilen.

Jahrzehntelang hatte sich bei Heinrich Scholl alles um den Beruf gedreht. Er gab seinem Leben einen Rhythmus und einen Sinn. Die Kollegen waren auch gleichzeitig Freunde, mit denen er abends noch ein Bier trinken ging. Und auf einmal war das alles weg. Die Arbeit, der Rhythmus, die Freunde. Und er saß zu Hause und wusste nicht, was er machen sollte.

»Was machst du denn hier?«, fragt die Frau in Loriots »Pappa ante Portas« ihren Mann.

»Ich wohne hier«, antwortet der Mann.

»Aber doch nicht jetzt, um diese Zeit!«, sagt die Frau.

In Frankfurt am Main gibt es eine Beratungsgesellschaft, die Menschen über fünfzig rechtzeitig auf die Rente vorbereitet, und in Berlin eine Therapiegruppe speziell für Männer um die sechzig. Sie treffen sich einmal in der Woche und sprechen darüber, wie sie mit der Leere in ihrem Leben umgehen können. Mediziner zählen den Eintritt in den Ruhestand zu einer der stärksten Belastungssituationen im Leben eines Menschen, vor allem für Männer, die nie Auszeiten nehmen und sich von ihren starren Abläufen trennen. Das Herzinfarktrisiko steigt mit dem Eintritt ins Rentenalter, manche Männer sind eine Woche nach ihrem letzten Arbeitstag tot.

Brigitte Scholl war zwei Jahre jünger als ihr Mann, ihr Kosmetiksalon lief gut wie immer, sie dachte nicht ans Aufhören. Ihre Kundinnen bevölkerten das Haus von acht bis zwölf und von vierzehn bis achtzehn Uhr, während ihr Mann nebenan in der Küche saß und Zeitung las. Heinrich Scholl hörte seine Frau hinter der Tür reden und lachen. Manchmal öffnete sie die Küchentür und forderte ihn auf, ihre Kundinnen zu begrüßen. »Heiner, sag doch mal der Frau Weber guten Tag!«

Er beschloss, sich wieder Arbeit zu suchen, fragte bei Daimler nach, im Autowerk, ob es Aufträge für ihn gebe. Mit dem Betreiber der FKK-Therme vereinbarte er eine Arbeit auf Honorarbasis. Scholl sollte Bürgermeister anderer Städte überzeugen, sich auch so große Wellnesstempel bauen zu lassen wie den in Ludwigsfelde. Er ließ sich Visitenkarten drucken: Scholl-Consulting, Kommunal- und Unternehmensberatung.

Unter dem Dach richtete er sich ein Büro ein, in dem er arbeiten und Gäste empfangen konnte. Aber das erwies sich als schwierig. Er konnte nicht arbeiten, wenn Gitti im Haus war. »Immer, wenn ich gerade irgendwas zusammengerechnet habe, musste ich runterkommen und Petersilie schneiden oder so«, sagt Heinrich Scholl. Besucher im Haus waren seiner Frau auch nicht recht. »Die Kunden hätten nach oben gemusst und beim Hochgehen ja einen Blick ins Wohnzimmer werfen können. Fremde Leute von Daimler, die in ihr Wohnzimmer gucken. Das ging nicht«, sagt Scholl.

Heinrich Scholl ging es nicht gut. Gerade war er noch der mächtigste Mann der Stadt gewesen, jetzt hatte er nicht mal mehr einen Raum für sich. Seine Frau verlangte von ihm, nur noch die Toilette im Keller zu benutzen und nicht die neben ihrem Salon. Wegen der Kundinnen. Seine Gesundheit verschlechterte sich besorgniserregend.

Er wog bald nur noch dreiundsechzig Kilo, war mit Medikamenten vollgepumpt, mit Kortison und Chemotherapietabletten. Ein Spezialist in der Charité schlug vor, einen künstlichen Darmausgang legen zu lassen. Sein Arzt in

Ludwigsfelde riet ihm ab. Der Betreiber der Therme empfahl ihm eine Klinik auf Teneriffa, in der auch Helmut Kohl behandelt worden war. Er probierte alles aus, sogar chinesische Medizin, aber es wurde nicht besser.

Herbert Walter*, mit dem er lange im Rathaus zusammengearbeitet hatte, sagt, in dieser Zeit sei Heinrich Scholl oft zu ihm und seiner Frau gekommen. Die Familie Walter gehört zu den ältesten Familien in ihrem Dorf, nicht weit von Ludwigsfelde. Sie haben ein Haus mit einem großen Garten und einen Hof mit Pferden, Hühnern und Enten. Die Scheune haben sie zu Ferienwohnungen umgebaut, um den Hof und die Gäste kümmert sich Herbert Walters Frau.

Man kann sich wohl fühlen, wenn man bei Familie Walter auf der Terrasse sitzt und Kaffee trinkt, sie sind nette Leute, und immer ist etwas los, kommt ein Freund vorbei oder ein Nachbar, um Blumen abzuholen oder frische Eier. Heinrich Scholl kam fast jeden zweiten Tag zu Besuch, er kam sogar, wenn sein ehemaliger Kollege gar nicht da war, sondern nur seine Frau. Er brachte Kuchen vom Bäcker mit oder eine Flasche Wein, berichtete von seinen Arztbesuchen und den Schwierigkeiten bei der Suche nach einem Büro, legte ihren Garten neu an und bemalte mit ihrem Sohn einen alten Bauwagen, der auf dem Hof stand. »Er kam eines Tages mit einem Strohhut auf dem Kopf und hat den Wagen angestrichen, mit Bäumchen und Landschaften«, sagt Ines Walter.

Sie und ihr Mann waren etwas überrascht, dass Heinrich Scholl, der vor seiner Rente nie bei ihnen zu Hause gewesen war, auf einmal ihre Nähe suchte. Sie fanden es erstaunlich, wie einsam dieser so erfolgreiche, mächtige Mann war. Heinrich Scholl dachte kurzzeitig sogar darüber nach, in eine der Ferienwohnungen auf dem Hof der Familie zu ziehen und von dort aus zu arbeiten. Aber Walters fanden die Vorstellung, dass ihr ehemaliger Bürgermeister bei ihnen in der Scheune sitzt, seltsam und waren froh, als er bei seinem nächsten Besuch erzählte, er habe eine Wohnung in Berlin-Zehlendorf gefunden.

Eigentlich wollte Heinrich Scholl gar nicht richtig umziehen. Er hatte nur in Berlin ein Büro gesucht und bald festgestellt, dass Büros teurer sind als Wohnungen. Aber schon als er das erste Mal die Treppen hinaufstieg und seinen Koffer absetzte, wusste er, dass es die beste Entscheidung war, die er seit langem getroffen hatte.

Die Wohnung war bereits möbliert und befand sich direkt unter dem Dach. Es gab eine schmale Küche, ein noch schmaleres Bad, ein Schlafzimmer und einen loftartigen Wohnraum mit schrägen Wänden und einer verglasten Gaube. Heinrich Scholl kaufte sich einen Schreibtisch, Regale, ein neues Bett sowie einen schwedischen Stahlofen. Er holte seine Öllandschaften aus dem Keller in Ludwigsfelde und hängte sie in Zehlendorf an die Wand. Ins Regal stellte er zwei Fotos. Ein Jugendbild seiner Geliebten aus dem Rathaus und eins seiner Lieblingsschauspielerin Julia Roberts.

Es war wie damals im Zirkuswagen, nur komfortabler. Er konnte so lange schlafen, wie er wollte, joggen gehen, wann er wollte, essen, wann er wollte und was er wollte. Niemand gängelte ihn, niemand bestimmte, was er anzuziehen hatte, niemand schrieb ihm Listen. Seiner Frau hatte er gesagt, dass die Wohnung in Berlin sein Büro sei, von da aus könne er am besten arbeiten und seine Kontakte aufrechterhalten. Wenn es mal spät werden würde, bliebe er dort über Nacht. Heinrich Scholl sagt, Gitti sei damit einverstanden gewesen.

Er besuchte einen Computerkurs an der Abendschule,

kümmerte sich um seine Projekte mit dem Bäderbetreiber, traf sich mit Freunden zum Mittagessen und begann, an einem Buch zu arbeiten, einer erotischen Erzählung. Die Therapeutin am Tegernsee hatte ihn auf die Idee gebracht. Heinrich Scholl hatte ihr von der Frau im Rathaus erzählt, wie glücklich er mit ihr gewesen sei und wie ihn die Trennung mitgenommen habe. »Schreiben Sie es auf«, sagte die Therapeutin, »lassen Sie alles raus.« Sie hatte an Briefe gedacht, Tagebuchaufzeichnungen, aber Heinrich Scholl wollte seine große Liebe, sein Glück mit anderen teilen und machte aus dem Auftrag der Therapeutin ein neues Projekt: ein Buch.

Wenn er ein paar Seiten fertighatte, schickte er sie an eine ehemalige Journalistin, die einen kleinen Verlag betreibt, in dem Menschen gegen Bezahlung ein Buch veröffentlichen können. Die Verlegerin ist eine ältere Frau mit kurzen Haaren und einer sanften Flüsterstimme, die selbst an eine Therapeutin erinnert. In der Regel kommen alte Menschen zu ihr, die ihrer Familie, ihren Kindern und Enkelkindern von ihrem Leben erzählen wollen, bevor sie sterben. Scholl dagegen hatte fast eine richtige Buchidee, ein ehemaliger Bürgermeister, der seine Affäre verarbeiten wollte. »Diese Frau war seine große Liebe, und er ist einfach nicht darüber hinweggekommen«, sagt die Verlegerin. »Wenn Menschen Autobiographien schreiben, geht es ihnen um die Momente in ihrem Leben, die sie am meisten bewegt haben.«

Heinrich Scholl schrieb auf, wie er die Frau aus dem Rathaus kennenlernte, wie er immer wieder an ihrem Büro vorbeilief und ihr kleine Nachrichten hinterließ, mit ihr essen ging, ins Kino, sich mit ihr im Haus eines Freundes traf. Er war sehr detailverliebt, verlegte die Handlung aber sicherheitshalber in ein Unternehmen und änderte die Namen.

Das meiste aber stammte aus dem wirklichen Leben. Die Verlegerin reicherte die Geschichte mit poetischen Beschreibungen, Schriftsteller- und Schauspielerzitaten sowie langen Zwiegesprächen zwischen dem Protagonisten und einem befreundeten Weinhändler an. An einer Stelle fragt der Protagonist den Weinhändler, ob er jemals daran gedacht habe, sich scheiden zu lassen. Der Weinhändler antwortet: »An Scheidung nie, an Mord schon.«

Die Verlegerin wollte, dass das Buch mehr wird als ein Erlebnisbericht, ein richtiger Roman. Aber Scholl machte fast alle ihre Änderungen wieder rückgängig, und am Ende war die letzte Fassung nicht viel anders als die erste. Sie trug, so muss man sagen, Heinrich Scholls Handschrift.

Heinrich Scholl kennt keine Scham, keine Zwischentöne, und er liebt Sexszenen. Die erotischen Passagen lesen sich wie Bauanleitungen für Modellflugzeuge oder Ikea-Kommoden. »Mit der rechten Hand versuchte ich, ihren Schoß zu erreichen«, heißt es an einer Stelle. »Leider vergeblich, denn mein Arm war zu kurz.« Heinrich Scholl war eher ein begabter Technologe als ein Schriftsteller, aber das Schreiben half ihm nicht nur, über die Frau aus dem Rathaus hinwegzukommen. Es füllte die scheinbar endlosen Tage seines Rentnerdaseins. Sogar die Symptome seiner Krankheit verschwanden allmählich. Die Therapeutin aus der Kurklinik schien recht gehabt zu haben. Er musste alles aufschreiben, und er brauchte eine Auszeit, das war alles.

»Ich bin gesund«, jubelt er in seinen Notizen. »Lerne neue Leute kennen, gehe viel ins Theater, Oper, Kino. Habe auch viel mehr Zeit für alte Freunde und für angenehme Abende und Gespräche. Ich jogge wieder und gehe in Zehlendorf ins Fitnesscenter mit Schwimmbad. Die Wochenenden werden wie immer von Gitti geplant, ich arbeite meine Zettel ab, Zeit, zum Handball oder Fußball zu gehen oder auch mit ihr gemeinsam in ein Konzert oder zu Freunden. Sie ist toleranter geworden.«

Dass zu seinem neuen Berliner Leben auch ein bis zwei Bordellbesuche pro Woche gehörten, vermerkt er nebenbei. »Meine weiteren menschlichen Bedürfnisse«, schreibt Heinrich Scholl, »befriedige ich in Słubice oder auch mal im Artemis, für mich zu der Zeit die unkomplizierteste Art für ein wenig Zuneigung, ohne in Abhängigkeiten zu kommen.« Später streicht er »menschlichen« und ersetzt es durch »männlichen«. »Männliche Bedürfnisse« soll es richtig heißen.

Słubice ist ein polnischer Grenzort, das »Artemis« ein Edelbordell am Kurfürstendamm. Der polnische Puff war billiger und gefiel ihm auch besser. Es hatte sich herumgesprochen, dass der neue Kunde Bürgermeister in Brandenburg gewesen war. Bei seinem ersten Besuch begrüßte ihn sein polnischer Amtskollege persönlich und sagte zum Bordellchef: »Das Beste, was du hast.«

Die Schilderungen von Heinrich Scholls Puffbesuchen in Słubice klingen wie deutsch-polnische Freundschaftsbegegnungen. Das Gebäude sei sehr schön, »wie eine Finca gemacht«, heißt es. Vorne gebe es ein großes Holztor, »man fährt mit dem Wagen rein«. Eine Frau sei lächelnd auf ihn zugekommen und habe ihn auf ein Zimmer geführt. »Ich habe dann erst mal ein bisschen mit der Dame geredet, da bin ich ja auch anders als andere. Danach liegt man noch und trinkt was und spricht. Wir sind oft zusammen ins Restaurant was essen gegangen. Da entwickelte sich eine Beziehung, die wunderschön war.« Gäbe es ein Puffgästebuch, so könnte es aussehen.

Bei seinen nächsten Besuchen brachte Heinrich Scholl der polnischen Prostituierten Kaffee mit und Kaugummis für die Kinder. Er spielte den Westonkel. »Immer wenn ich den Tag gut ausklingen lassen wollte, habe ich ihr eine SMS geschrieben, und wenn sie frei war, bin ich vorbeigefahren. Für den Aufwand, den ich betrieben habe, habe ich so viel Zuneigung bekommen. Und wenn ich wieder draußen war, war das Thema erledigt. Da kamen keine Briefe oder Mahnungen, wann rufst du wieder an. Wir können doch mit so wenig Aufwand so viel Freude machen.«

Die Abende, an denen er nicht nach Polen fuhr, verbrachte Heinrich Scholl in einem Single-Club in Steglitz. Das Bier kostete einen Euro. »Billiger als im Supermarkt«, sagt Scholl. Es wurde getrunken und getanzt. Der Höhepunkt des Abends war eine Art »Speed-Dating«. In Steglitz hieß es »Bäumchen, wechsle dich«.

Das Prinzip ist immer das gleiche. Die Frauen sitzen auf der einen Seite des Tisches, die Männer auf der anderen. Fünf Minuten haben sie Zeit, sich auszufragen; was sie beruflich machen, ob sie Kinder haben, was ihre Hobbys sind. Dann klingelt ein Wecker – in Steglitz ruft jemand »Bäumchen, wechsle dich« –, und die Männer rücken einen Stuhl weiter, zur nächsten Frau, und es geht wieder von vorne los. Am Ende füllen alle Teilnehmer einen Fragebogen aus, vergeben Punkte, und die Paare mit den meisten Punkten vereinbaren Rendezvous.

Heinrich Scholl hatte exzellente Chancen bei den Steglitzer Frauen mit seiner beeindruckenden Karriere, seinen vielen Hobbys und den Gipfelbesteigungen. Er lernte eine junge Russin mit zwei kleinen Kindern kennen, mit der er sich ein paarmal zum Essen traf. Aber meistens landete er bei Frauen in seinem Alter, die ihn bemuttern, der Familie vorstellen und seine Wäsche waschen wollten. Sie erinnerten ihn an seine Frau.

Er beneidete seinen Freund Rainer. Der war im gleichen Alter wie Scholl, auch seit Ewigkeiten mit derselben Frau verheiratet, hatte aber dazu seit einiger Zeit eine zwanzig Jahre jüngere thailändische Freundin. Die beiden Frauen wussten voneinander. Es war eine offene Dreierbeziehung, die sie sich und der Welt erklären konnten. Fischers Frau hatte seit fast zwanzig Jahren einen unheilbaren Hirntumor. Ihr Ehemann pflegte sie rund um die Uhr, damit sie nicht ins Heim musste. Seine junge Freundin half ihm dabei. Sie hatten getrennte Wohnungen, verbrachten aber viel Zeit zu dritt und fuhren auch gemeinsam in den Urlaub.

Auf einer Geburtstagsfeier, zu der Rainer Fischer seine Freundin mitbrachte, fragte ihn Heinrich Scholl, ob die nicht noch eine Freundin habe. Kurze Zeit später sagte Fischer: »Scholli, ich hab was für dich.«

Heinrich Scholl sah Nantana Piamsuk* das erste Mal an einem Wintertag des Jahres 2009. Sie war zehn jünger als Fischers Freundin und schmaler, ihre Haare waren lang und schwarz. Sie waren zu viert zum Mittagessen im »Hamlet« verabredet, einem Restaurant in Berlin-Charlottenburg. Scholl kam als Letzter und sagt, er sei vor Schreck fast wieder rausgegangen. »Ich komme ins Hamlet, und da saßen die zu dritt. Zwei wahnsinnig hübsche Dinger und Rainer. Als ich meinen Freund daneben gesehen habe, habe ich gedacht: So alt siehst du auch aus! Scholl, bilde dir bloß nichts ein.«

Sie hieß Nantana, stellte sich aber als Nan vor, weil ihre Freunde sie so nannten. Nantana fragte, ob sie ihn Henry nennen könne. Heinrich konnte sie nicht aussprechen. Sie spreche lieber Englisch als Deutsch, sagte sie, und zum Glück hatte Heinrich Scholl ja einen Englischkurs auf der DDR-Volkshochschule gemacht. Dass die schöne Thailänderin am liebsten gar nicht sprach, merkte Heinrich Scholl nicht. Er fragte, ob er sie Nani nennen dürfe.

So wurden aus Heinrich und Nantana Henry und Nani.

Nach dem Restaurantbesuch gingen sie am Schlachtensee spazieren. Es war kalt, die Frauen froren bald. Sie kehrten wieder in ein Lokal ein, tranken Rotwein, die Männer viel, die Frauen wenig.

»Es war sehr angenehm«, erinnert sich Heinrich Scholl. »Wir konnten uns über alles verständigen.«

»Er hat viel geredet und gelacht«, sagt Nantana Piamsuk, »aber für mich war das nicht so lustig. Ich habe nicht gelacht. Thais und Deutsche sind unterschiedlich.«

Nantana Piamsuk war zweiunddreißig Jahre alt und kam aus einem ostthailändischen Dorf im Mekong-Gebiet. Sie hatte zwei Brüder und war die einzige Tochter der Familie. Vor ein paar Jahren hatte sie in Thailand einen Geschäftsmann aus Süddeutschland kennengelernt. Er versprach ihr ein schönes Leben, sie heiratete ihn, zusammen zogen sie nach Deutschland in das Haus seiner Eltern, aber nach ein paar Wochen wollte sie wieder weg. Sie hatte gehofft, dass sie in Deutschland eine Ausbildung machen, einen Job finden und Geld verdienen könne. Ihr Mann wollte, dass sie zu Hause blieb, kochte, putzte und mit ihm schlief. Nach acht Monaten floh sie mit ein paar Sachen nach Berlin.

Andreas Herrmann leitet in Berlin einen Verein, der sich um thailändische Frauen in Deutschland kümmert. Es sei immer das Gleiche, sagt er. Die Frauen hätten völlig falsche Erwartungen und die Männer auch. »Urlaub in Thailand ist eine Sache, Zusammenleben ist was anderes.« Die Beziehungen scheiterten oft schon nach wenigen Wochen an Verständigungsproblemen und kulturellen Unterschieden. Die Scheidungsquote bei deutsch-thailändischen Paaren liegt bei 84 Prozent.

Nantana kam 2007 das erste Mal in Herrmanns Verein. Sie brauchte eine Aufenthaltsgenehmigung. Ihre Ehe wurde von den deutschen Behörden nicht anerkannt, weil sie weniger als zwei Jahre mit ihrem Mann zusammengelebt hatte. Der Verein half ihr. Um den Rest kümmerte sich Heinrich Scholl. Nantana stellte ihn als »den Bürgermeister« vor. Manchmal sprach sie auch von ihrem »deutschen Opa«.

Der thailändische Verein befindet sich in einem Erdgeschoss in Wedding an einer sechsspurigen Straße, über die Lkw brettern und Flugzeuge beim Landeanflug nach Tegel so tief fliegen, dass man den Kopf einziehen möchte. Trotzdem ist es gemütlich hier, in den Räumen hängen bunte thailändische Lampen, und im Vorgarten gibt es eine mit Wein bewachsene Pergola, wo im Sommer gegrillt wird.

Nantana blieb manchmal eine Stunde, während ihr Bürgermeister im Auto wartete. »Beim dritten Mal habe ich zu ihr gesagt: Hol ihn doch rein«, sagt Andreas Herrmann. Er sei dann mitgekommen und habe sich vorgestellt. »Ich kann nicht sagen, dass er unsympathisch war. Er hat viel gefragt und sich nach Nantanas Problemen erkundigt.«

Heinrich Scholls neue Freundin hatte viele Probleme. Offene Krankenhausrechnungen, offene Mietrechnungen, Spielschulden. Heinrich Scholl bezahlte alles, ihre Schulden, die Miete für ihre Wohnung, eine neue Kücheneinrichtung, eine neue Sitzecke, einen neuen Fernseher, ihre Handyrechnungen, Kleidung, Handtaschen, Sonnenbrillen, Schmuck.

Nantana hatte wenig Geld, aber hohe Ansprüche. Die Taschen sollten von Gucci und Louis Vuitton sein, der Ring, den Scholl ihr kaufte, kostete 700 Euro, die Sonnenbrille 400. Bei einer Schönheits-OP ließ sie sich die Augenlider liften. Der Bürgermeister bezahlte. Im Gegenzug kam sie mit zu ihm nach Hause, ging mit ihm essen und schlief mit ihm.

Für Nantana war die Beziehung ein Deal. Für Heinrich Scholl war es Liebe. Er war Mitte sechzig, aber mit dieser Frau fühlte er sich so jung und so frisch wie nie zuvor. Sie war nicht nur schön, er fand sie auch angenehm unkompliziert. Sie kannte keine moralischen Zweifel wie die Frau aus dem Rathaus, und ihre Forderungen waren exotischer und charmanter als die, die seine Frau an ihn stellte. Gitti wollte, dass er die Hecke schnitt und die Mülltonnen rausstellte, Nani wollte, dass er sich die Schamhaare rasierte und ihr teure Geschenke machte. Bei Gitti fühlte er sich wie ein Hausmeister. Bei Nani wie Richard Gere in »Pretty Woman«.

Warnungen von Freunden und Bekannten, sie nutze ihn nur aus, ignorierte er.

»Nach dem Abend am Schlachtensee hat sie mir ihre Telefonnummer gegeben, und wer das macht, der hat Interesse«, sagt er. »Das hat mir auch eine Freundin bestätigt.« Die »Bettphase«, wie er es nennt, sei nach fünf, sechs Wochen losgegangen. Nani habe seine Wohnung phantastisch gefunden und sei unwahrscheinlich nett zu ihm gewesen und feinfühlig. »Sie sagte mir, wenn sie jemanden wie mich früher kennengelernt hätte, hätte sie ein besseres Bild von den deutschen Männern gehabt. Sie fand es gut, dass ich so sauber war, man sich zweimal am Tag duscht und Sport treibt und sich pflegt und Parfüm nimmt. Dass ich verheiratet war, hat sie nicht gestört.«

Heinrich Scholl führte jetzt ein Doppelleben. Die Wochentage verbrachte er in Berlin mit seiner thailändischen Geliebten. Freitagabend machte er sich auf den Weg nach Ludwigsfelde, überreichte Gitti seinen Beutel mit der Schmutzwäsche und arbeitete ihre Auftragszettel ab. Er war da, wenn sie ihn brauchte, wenn der Sohn zu Besuch kam, wenn ihr traditioneller Weihnachtsbrunch in Potsdam anstand oder irgendein anderes wichtiges Ereignis, bei dem sie sich als Paar präsentieren mussten. Darauf bestand sie.

Er wollte seine Ruhe haben, und sie wollte allen zeigen, dass ihre Welt in Ordnung war. Das war ihre Vereinbarung, ein Waffenstillstand nach sechsundvierzig Ehejahren.

Freunden fiel auf, dass Heinrich Scholl ausgeglichener war, entspannter, seit er in Berlin wohnte. Er schwärmte von seinem neuen Leben und lud gerne in seine Wohnung ein. Mit dem Psychologen Joachim Lehmann, dem Bäderbetreiber Heinz Steinhart, sogar mit Dieter Bartha, seinem alten Paderborner Bekannten aus Wendezeiten, fuhr er nach Berlin und präsentierte seine Wohnung wie ein Schloss, öffnete die Türen zu allen Zimmern, auch zum Bad, wo oft ein schwarzer Damen-BH auf der Wäscheleine hing. Wie eine Trophäe.

Brigitte Scholl durfte nicht in die Wohnung. Heinrich Scholl sagte seiner Frau, er lebe dort sein eigenes Leben. Manchmal fragte sie ihn, was er denn in Berlin so mache. Dann sagte er, dass er darüber nicht reden möchte. Sie fragte nicht weiter.

So war der Deal. Bis dahin.

Gittis Ohnmacht

Diesmal war es kein Brief, sondern ein Anruf, eine Männerstimme, die Brigitte Scholl darüber informierte, dass ihr Mann sie betrog. Sie hatte es wieder geahnt, und als er das nächste Mal nach Hause kam, stellte sie ihn zur Rede. Heinrich Scholl gab sofort alles zu. Er sagte, sie wisse doch am besten, dass er die Zuneigung brauche, die sie ihm seit Jahren verwehre. Er sei schließlich kein alter Mann.

»Doch, das bist du«, sagte Gitti. Und ließ ihn stehen.

Es war, wie es immer war. Sie schrien sich nicht an, knallten nicht die Türen, warfen keine Gläser an die Wand. Wenn Gitti ihren Mann nicht länger ertrug, ging sie ins Bett. Wenn er ihre Listen nicht abarbeitete, gab es kein Abendbrot. Nur kam sie mit diesen Methoden jetzt nicht mehr weit. Ihrem Mann war es inzwischen egal, ob sie Abendbrot machte oder nicht. Er kam, wann er wollte, und konnte jederzeit einfach wieder in seine Berliner Wohnung fahren, zurück zu seiner Geliebten. Brigitte Scholl hatte die Kontrolle verloren. Sie war machtlos.

Noch nie in ihrem Leben hatte sie sich so ohnmächtig

gefühlt, und das Schlimmste war: Niemand durfte etwas merken. Nur ihrer engsten Freundin Inge, die weit weg von Ludwigsfelde wohnte, vertraute sie sich an. Jeden Morgen telefonierten die Frauen miteinander, und Brigitte Scholl erzählte, was sie herausgefunden hatte. Es waren keine guten Neuigkeiten. Nicht nur, dass die Freundin ihres Mannes dreißig Jahre jünger war, sie war auch noch Kosmetikerin von Beruf, das zumindest hatte ihr Mann erzählt. Brigitte Scholl sagte zu ihrer Freundin, die sei bestimmt auf ihren Salon scharf. Sie kündigte an, das Haus in Ludwigsfelde auf ihren Sohn umschreiben zu lassen, sicherheitshalber. Die selbstbewusste, energische Gitti weinte jetzt oft am Telefon und sprach davon, nicht mehr leben zu wollen.

Jeden Morgen rief Inge Karther in Ludwigsfelde an, um sich zu vergewissern, dass Gitti sich nichts angetan hatte. »Sie wollte nicht mehr«, sagt sie, »sie wollte gar nichts mehr, nicht mal alleine das Haus verlassen. Sie hat auf Heiner geschimpft und ihn verflucht, aber im nächsten Moment wollte sie, dass er zu ihr zurückkommt. Sie sagte immer, so viele Jahre könne man doch nicht einfach so wegschmeißen.«

Brigitte Scholl bat ihre Freundin, ihren Mann anzurufen, um ihm zu sagen, was für eine gute Frau sie sei und was für eine schöne Familie sie hätten. Inge Karther wollte nicht, es war ihr unangenehm. Gitti ließ ihr keine Wahl. Als ihr Mann das nächste Mal zu Hause war, rief sie Inge an, sagte: »Warte mal, ich geb' dir mal den Heiner«, und reichte den Hörer an ihren Mann weiter. Die treue Freundin in Anklam teilte Heinrich Scholl mit, dass sie es schäbig finde, was er mit Gitti mache. »Ich habe zu ihm gesagt, dass er keinen Arsch in der Hose hat. Er hätte sich schon fünf oder zehn Jahre vorher von ihr trennen sollen und nicht erst jetzt, wo man alt ist und keiner einen mehr will.«

Ihre Freundin Karin überredete Brigitte Scholl, zusammen mit ihr nach Berlin zu fahren, um ihren Mann auszukundschaften. Sie wusste immer noch nicht, wo er eigentlich wohnte. Die Freundinnen machten sich auf den Weg, zwei 65-jährige Privatdetektivinnen. Die Adresse fanden sie schnell, Heinrich Scholls Auto war nicht zu sehen, offenbar war er nicht zu Hause. Karin Singer wollte gleich wieder abfahren, aber Gitti war schon ausgestiegen. Sie liefen einmal ums Haus herum, stellten fest, dass es hinten einen Garten gab. Sonst sahen sie nichts. Keinen Menschen. Karin Singer sagt, sie sei heilfroh gewesen, als sie endlich wieder abfuhren.

Karin Singer und Inge Karther gehörten zu dem kleinen Kreis von Frauen, die Gitti ins Vertrauen zog. Sonst erzählte sie nur noch Helga Gerlich, der Lichtenrader Sozialdemokratin, von dem Verhältnis ihres Mannes. »Brigitte Scholl hat mich angerufen und unter Tränen gesagt, der Heiner habe eine Freundin, weil sie ihm nicht reiche. Diese Frau gebe ihm, was sie ihm nicht gebe. Da hab ich platt gesagt: Du musst den Kerl rausschmeißen! Trenn dich von ihm!«

Das war der Rat, den Brigitte Scholl von allen drei Freundinnen bekam. Es war offensichtlich, dass ihre Ehe kaputt war, dass es nichts mehr gab, was sie und ihren Mann miteinander verband. Aber Brigitte Scholl wollte sich nicht trennen, um nichts in der Welt. »Sie hatte immer die Hoffnung, dass er zurückkommt. Weil er ja auch immer kam, wenn sie ihn brauchte«, sagt Inge Karther. »Sie gingen zusammen zu Freunden. Er war pünktlich da und besorgte sogar die Blumen. Sie sagte ihm immer: Wenn du mir weh tust, dann ist das eben so, aber für die Leute sind wir zusammen.«

Brigitte Scholl wurde dünn, unter ihren Augen bildeten sich dunkle Ringe. Wenn sie morgens ihren Salon öffnete, sah man, dass sie geweint hatte. Durch die Schminke sah man es. Ihre Kundinnen spürten, dass etwas nicht stimmte, aber sie fragten selten nach, sie wussten, dass Brigitte Scholl nicht gerne über ihre Sorgen sprach. Eine wagte es dennoch. Es war eine alte Frau, die Brigitte Scholl noch aus dem Friseursalon ihrer Mutter kannte.

»Was ist denn los bei Ihnen, Frau Scholl?«, fragte sie. »Ist Ihre Ehe ganz kaputt?«

Nein, nein, sagte Brigitte Scholl schnell. Alles sei in Ordnung. Noch am selben Abend klingelte bei der Kundin zu Hause das Telefon. Heinrich Scholl war dran. Er sagte, er sei hier in Ludwigsfelde bei seiner Frau, und forderte die Kundin auf, keine Gerüchte in die Welt zu setzen.

Er hatte jetzt zwei Frauen, und beide zerrten an ihm. Die eine wollte sein Geld, die andere ihre Ehe zurück.

Geliebt haben ihn beide nicht.

Es war ein anstrengendes Leben, das der Rentner Heinrich Scholl führte, und es wurde nicht leichter, als er erfuhr, dass seine Nani nebenbei im Bordell arbeitete. Zu Anfang dachte er noch, er könne sie retten, wie Richard Gere Julia Roberts in »Pretty Woman« gerettet hatte. Er versuchte, seine thailändische Geliebte in seine Welt einzuführen. Einmal nahm er sie mit zu seinem Lieblingsitaliener in Ludwigsfelde, ein anderes Mal zur Geburtstagsfeier seines Freundes Herbert. Er fuhr mit ihr durch die ganze Stadt, zeigte ihr das Rathaus, die Therme und sein Haus, in dem die unglückliche Gitti saß, zeigte er ihr auch.

»Ich wollte mich nicht mehr verstecken«, sagt Heinrich Scholl. »Ich habe das jahrelang gemacht, immer nur gezeigt, was andere von mir sehen wollten.«

Nantana Piamsuk machte alles mit, solange Heinrich Scholl ihre Wünsche erfüllte. Seine Freunde und Geschäftspartner verfolgten irritiert die Verwandlung des erfolgreichen Bürgermeisters. Manche behandelten ihn so nachsichtig wie ein krankes Kind, einige gingen auf Distanz, andere waren schlicht ratlos. Sein Kindheitsfreund Hans und der Bäderbetreiber gehörten zu jenen Männern, denen Heinrich Scholl sein Buchmanuskript zum Lesen gab und seine Wohnung in Berlin zeigte, Küche, Wohnzimmer, Schlafzimmer, Bad, schwarzer Spitzen-BH, natürlich.

»Der BH war riesig«, sagt Steinhart, »da hab ich gedacht, der Scholl will mich doch nur beeindrucken. Soweit ich weiß, haben Asiatinnen keinen großen Busen.«

»Er hat so von dieser Frau geschwärmt, dass er überhaupt keinen Widerspruch zuließ«, sagt sein Freund Hans. »Sollte ich sagen, du hast ja was am Zahn, oder was?«

»Sie hat ihn ausgenommen«, sagt Rainer Fischer, der die beiden verkuppelt hatte.

»Sie war berechnend und hinterhältig«, sagt Andreas Herrmann vom Thailändischen Verein.

Nantana Piamsuk nahm ihn mit nach Thailand in ihren Heimatort. Die Eltern holten das Paar vom Flughafen ab und fuhren sie zum Haus. Es lag in einem Dorf und war größer und besser ausgestattet als die Hütten der anderen Dorfbewohner. Nantana Piamsuks Familie betrieb Landwirtschaft und besaß mehrere Fischteiche. Am Wochenende gab es eine große Hochzeitszeremonie, einen feierlichen Umzug durchs Dorf. Heinrich Scholl war der Bräutigam,

Nantana die Braut. Am nächsten Tag kaufte er Bodenfliesen fürs Wohnzimmer. Die Fliesen waren sein Gastgeschenk. Er erfuhr, dass die Familie fast ihren gesamten Wohlstand der tüchtigen Tochter zu verdanken hatte. Und ihren deutschen Männern. Wer weiß, wie viele Bräutigame bereits vom Flughafen abgeholt worden und mit Nani durchs Dorf gezogen waren? Aber Heinrich Scholl war nicht misstrauisch. Immer noch nicht. In Berlin überwies er 25 000 Euro nach Thailand.

Es sollte ein Darlehen sein, aber das geriet schnell in Vergessenheit. Er räumte sein Konto leer, überwies sich das Geld auf ein anderes und ließ die Auszüge des leeren Kontos in seiner Wohnung herumliegen, damit Nantana sehen konnte, dass er im Minus war und ihm das Geld zurückzahlte. Aber sie reagierte darauf anders, als Heinrich Scholl erhofft hatte: Sie ließ sich von anderen Männern bezahlen.

Heinrich Scholl begann, ihr hinterherzuspionieren. »Er wollte immer wissen, wohin ich gehe«, sagt sie, »er kontrollierte und verfolgte mich. Es war für ihn klar, dass ich nur mit ihm zusammen sein kann. Er rief an, mit unterdrückter Nummer, oder rief an und meldete sich nicht. Er rief an und hörte und legte auf und rief an und hörte nur, sagte nichts und legte auf. Immer wieder. Er wusste immer, wo ich war und mit wem.« Einmal, als ein fremder Mann zu ihr in die Wohnung kam, wartete Heinrich Scholl die ganze Nacht im Treppenhaus und stellte den Mann im Morgengrauen.

Als ihm die Aufgabe, seine Geliebte zu überwachen, über den Kopf wuchs, beauftragte er eine Privatdetektei, die jede ihrer Bewegungen festhielt: Wann sie in ihren Massagesalon zur Arbeit ging, wann sie nach Hause kam, welche Kleidung sie trug, welche Männer sie traf. Es ist ein langes, absurd ausführliches Protokoll mit Abkürzungen aus der Welt der Geheimdienste. Es liest sich wie eine Stasiakte. Nantana Piamsuk wird darin als Zielperson bezeichnet, ZP. Man erfährt, dass die ZP um 20.57 Uhr ihren Massagesalon verlässt, mit der U-Bahnlinie 2 Richtung Pankow-Vinetastraße fährt, am Senefelder Platz aussteigt, Richtung Schönhauser Allee läuft, um 21.24 Uhr eine REWE-Filiale betritt und um 21.42 Uhr eine thailändische Nachtbar, in deren Hinterhof sich »augenscheinlich ein Bordellbetrieb« befindet.

Stundenlang warten die Privatdetektive auf dem Bürgersteig vor der Bar, sie beobachten, wie Scholls Geliebte um 21.49 Uhr in den Hinterhof Richtung Bordellbetrieb geht und kurz vor 22 Uhr wieder in die Bar zurückkehrt. Um 0.35 Uhr beschließt einer der Detektive, »einen Schritt weiterzugehen und festzustellen, was ZP macht«. Kaum hat er die Bar betreten, wird ihm ein Mädchen angeboten, aber nicht die »ZP«. Heinrich Scholls Geliebte spielte mit Freunden Karten, um Geld wahrscheinlich, bis in den Morgen hinein.

Es war wie in einem Spionagefilm. Brigitte Scholl schnüffelte ihrem Mann hinterher und der seiner Geliebten. Nur schaffte sie es, ihr Leben zusammenzuhalten, während das ihres Mannes allmählich auseinanderfiel. Seine Ehe war kaputt, sein Kontostand geschrumpft, und auch um sein Ansehen stand es nicht besonders gut.

Sein Haus in der Walther-Rathenau-Straße war durchsucht worden. Es waren Bewirtungs- und Flugrechnungen aus der Bürgermeisterzeit aufgetaucht, die den Verdacht der Korruption nahelegten. Heinrich Scholl war nicht zu Hause, seine Frau hatte gerade eine Kundin zur Behandlung, als die Fahnder an der Tür klingelten.

Es war die größte Schande, die Brigitte Scholl je passiert war. Dachte sie. Bis sie aus einem anonymen Brief erfuhr, dass die Geliebte ihres Mannes nicht Kosmetikerin, sondern Prostituierte war. Das gab ihr den Rest. Ihrer Freundin Inge sagte Brigitte Scholl, sie wolle wieder leben und sie werde kämpfen, um das Haus, nicht um ihre Ehe. Es war vorbei. Brigitte Scholl hatte den Tiefpunkt erreicht, für ihren Mann Heinrich ging es noch weiter runter.

Im Sommer 2011 kündigte der Bäderbetreiber den Honorarvertrag mit Heinrich Scholl, seine wichtigste Einnahmequelle. Wenig später trennte sich Nantana Piamsuk von ihm. Endgültig. Sie hatte sich bereits ein paarmal von ihm verabschiedet, und er hatte ihr immer wieder Geld gegeben und Geschenke gemacht, und sie war zurückgekommen, um kurze Zeit später wieder auszuziehen. Zum Schluss kaufte er ihr noch einen Laptop und schenkte ihr einen teuren Ring, aber es war zu spät. Im Oktober des Jahres 2011 packte sie ihre Sachen. Sie hatte einen neuen Mann gefunden, der für sie sorgen wollte. Er wohnte in der Nähe von Dresden und war in Scholls Alter. Er war ihr neuer deutscher Opa.

Scholls Rückkehr

Heinrich Scholl sagt, wenn er in seinem Leben etwas Neues anfing, habe er zuerst berechnet, wie es ausgehen könnte, welche Chancen es gibt und welche Risiken. Es ist ein Satz, der gut zu ihm zu passen scheint. Heinrich Scholl funktioniert in scheinbar ausweglosen Situationen wie ein Automat. Wenn andere den Kopf verlieren, bleibt er kühl und gelassen, kann warten, ohne ungeduldig zu werden, und weiß, wann der richtige Augenblick gekommen ist. So hat er seine Frau erobert, so hat er sein Haus bekommen, so ist er Bürgermeister geworden – und geblieben, fast zwanzig Jahre lang.

Es kam vor, dass seine Berechnungen nicht aufgingen. Das passierte meist dann, wenn Faktoren ins Spiel kamen, die eine Maschine nicht berechnen kann. Dann geriet sein Leben für einen Moment aus dem Rhythmus, er kündigte, brach ab, was er begonnen hatte, und am Ende saß er wieder bei seiner Frau in der Küche.

So war es damals im Autowerk gewesen, im Zirkus, und vielleicht war es auch im Herbst des Jahres 2011 so, als

Heinrich Scholl plötzlich seine Wohnung in Berlin aufgab und zu seiner Frau zurückzog. Er konnte die Dinge nicht mehr kontrollieren, seine Rechnungen gingen nicht auf, sein System kollabierte.

Niemand verstand, warum Heinrich Scholl, der so glücklich gewesen war in Berlin, zu seiner Frau nach Ludwigsfelde zurückwollte.

Herbert Walter: »Ich hab zu ihm gesagt, besser als in Berlin geht's doch gar nicht. Überleg dir das!«

Rainer Fischer: »Sei doch nicht verrückt, hab ich gesagt, geh doch nicht wieder zurück nach Hause.«

Inge Karther: »Brigitte erzählte mir am Telefon, dass Heiner wieder bei ihr einziehen will, mit Sack und Pack. Ich hab gesagt: Der kommt aber nicht aus Liebe zurück.«

Heike Schramm: »Niemand hat gewusst, warum er zurückkam. Nicht mal Gitti. Sie hat nur gesagt: Stell dir mal vor, Heike, der ist wieder hier mit seinen ganzen Kisten. Du musst dir das mal ansehen.«

Karin Singer: »Plötzlich hieß es, Heiner kommt zu Gitti zurück. Gründe hat er nicht genannt, soweit ich weiß.«

Helga Gerlich: »Brigitte berichtete mir freudig, dass Heiner wieder zu ihr zurückkommt. Ich sagte zu Brigitte: Du meinst doch nicht wirklich, dass er sich von der getrennt hat. Glaubst du an den Weihnachtsmann? Einmal Thailänderin, immer Thailänderin.«

Horst Karther war einer der letzten von Heinrich Scholls Bekannten, der durch seine Wohnung in Berlin-Zehlendorf geführt wurde. Es war Ende Oktober. Karther hatte seine Frau Inge zum Klassentreffen nach Ludwigsfelde gebracht und sollte sich, während er auf sie wartete, eigentlich vom ehemaligen Bürgermeister Ludwigsfelde zeigen lassen. Das war Gittis Plan gewesen. Aber Heinrich Scholl hatte keine Lust auf Ludwigsfelde, er bog auf die Autobahn ab Richtung Zehlendorf, um Horst Karther seine Wohnung zu zeigen.

Im Bad hing diesmal ein Damenslip.

Die Männer kannten sich seit fast fünfzig Jahren, sie hatten Urlaube mit ihren Frauen und Kindern verbracht. Das Gespräch, das sie diesmal führten, war ungewöhnlich offen, von Heinrich Scholls Seite aus zumindest. Er erzählte dem Urlaubsfreund, wie glücklich er in Berlin sei, berichtete ihm von seiner großen Liebe, Nani, zeigte ihm Fotos aus Thailand. Auch dass sie ihn betrüge, sagte er, und wie eifersüchtig ihn das mache. Aber dann, am Ende, verkündete Heinrich Scholl auf einmal, dass er wohl wieder zurück nach Hause ziehe.

Horst Karther dachte, er habe sich verhört. Er wusste von seiner Frau, dass Brigitte Scholl sich von ihrem Mann trennen wollte. »Spinnst du«, sagte er, »so eine Wohnung gibt man doch nicht auf, und du weißt doch, wie Gitti ist, du hast dort nichts zu melden, wenn du zurückziehst. Das war früher schon so, und jetzt wird es noch schlimmer. Sie wird es auskosten, dass du wieder zurückkommen musstest.«

Heinrich Scholl sagte, das müsse er dann wohl in Kauf nehmen, erinnert sich Horst Karther, und dass Scholl etwas von Aktien erzählte, mit denen er sich verspekuliert habe, er sei vom Sparkassenchef falsch beraten worden, und seine Freundin sei auch ein teurer Spaß.

»Warum lässt du dich nicht scheiden?«, fragte der Freund.

Eine Scheidung war Heinrich Scholl zu teuer. Er hatte sich

bei einem Anwalt erkundigt. Von seinen zweitausendachthundert Euro Rente müsste er Gitti nach einer Scheidung die Hälfte abgeben.

Das entspricht in etwa den Berechnungen, die Heinrich Scholl ein paar Wochen zuvor in seinen Kalender notiert hatte und die die Polizei später bei ihrer Hausdurchsuchung fand: »Für das Leben, das ich gerade führe, reicht ›unser‹ Einkommen nicht!«, steht da. »Wir haben zusammen 3800 Euro. Wenn es, und so sieht es aus, zu einer Scheidung kommt, habe ich nach 47 Jahren Ehe 1800 Euro. Das Gewerbe bringt finanziell nach drei Jahren Erfahrung kein Plus. Die Kontakte und Aufträge sind eher geringer geworden. Wir haben aus den zurückliegenden Jahren keine wesentlichen Rücklagen. Deshalb kommen wir auf dem Konto mehr und mehr ins Minus/Belastung für mich! Rücklagen aufgebraucht. Kette ohne Ende! Nur ich kann daran etwas ändern!«

Die letzten Sätze enden mit einem Ausrufezeichen.

Ein paar Tage nach dem Klassentreffen, Ende Oktober, besuchte Frank seine Eltern in Ludwigsfelde. Sie kamen auf die Wohnung in Berlin zu sprechen, knapp sechshundert Euro kostete die Miete monatlich. Der Sohn rechnete aus, wie viel Geld sein Vater in den letzten Jahren dafür ausgegeben hatte. Heinrich Scholl nickte. Der Sohn hatte den Eindruck, dass sich seine Eltern wieder besser verstehen.

Heinrich Scholl kündigte seine Wohnung zum Jahresende, zog aber schon einen Monat vorher aus. Seine Vermieterin war genauso überrascht über den überstürzten Auszug wie alle anderen. »Die ganze Sache lief mit einer unglaublichen Geschwindigkeit ab«, sagt sie. Sie wusste von den Eheproblemen und wie gut es Heinrich Scholl getan hatte, in seiner eigenen Wohnung zu leben. »Er hat gesagt, er sei ein Baby, das anfängt, das Leben neu kennenzulernen, das waren seine Worte.« Der Vermieterin gegenüber hat Heinrich Scholl keine Geldprobleme erwähnt, sondern gesagt, der Grund, zu seiner Ehefrau zurückzuziehen, sei eine Operation, die er bald vor sich habe und nach der er womöglich pflegebedürftig sei.

Es war kein besonders herzliches Willkommen. Der untreue Ehemann stand mit seinen Umzugskisten vor dem Haus in Ludwigsfelde. Als Brigitte Scholl die Kisten sah, verkündete sie, die Hälfte davon könne er gleich wieder mitnehmen. Scholls Sachen wurden zurück ins Auto geladen und in die Scheune seines Freundes Herbert gefahren. Den Rest stellte Heinrich Scholl in den ausgebauten Keller, in dem seine Frau und er einst mit seinen Parteifreunden aus Lichtenrade getanzt hatten.

Eine Ewigkeit schien das her zu sein. Der Kamin war seit Jahren nicht mehr benutzt worden. Im Keller wurde die Wäsche gewaschen und gebügelt, Heinrich Scholl hatte hier seine Malwerkstatt und Brigitte Scholl einen kleinen Raum, in dem sie ihr Dekorationszubehör aufbewahrte. Sonst wurden im Keller vor allem Dinge untergestellt und gelagert, die sie nur selten brauchten: Heinrich Scholls Bergsteigerausrüstung, seine Fußballschuhe, der Weihnachts- und Osterschmuck, Spielzeug für die Enkel sowie lauter kleine Sachen, die man nicht wegschmeißt, weil man sie womöglich noch einmal verwenden kann, darunter Gittis Sonnenhüte und Schnürsenkel aus Heinrich Scholls alten Turnschuhen. Alles war ordentlich aufgehängt oder in kleinen Schachteln und Kartons verpackt und beschriftet. Brigitte Scholl war eine penible Frau, alles musste bei ihr seine Ordnung haben und am richtigen Platz stehen. Sie beschäftigte zwei Putzfrauen, eine fürs Haus, eine für den Keller. Die Putzfrauen durften keine Möbelstücke verrücken und das Wischwasser nicht in die Toilette, sondern nur direkt in die Abflussrinne auf der Straße schütten, aus hygienischen Gründen.

Aus hygienischen Gründen sollte auch ihr Mann nach seinem Einzug wieder das Bad im Keller benutzen und nicht das neben ihrem Salon. Am besten sollte er auch gleich dort unten zwischen seinen Akten schlafen. Die Akten machten Brigitte Scholl wahnsinnig. Sie beschloss, eine ihrer Kundinnen, die Buchhalterin war, zu bitten, den Kram ihres Mannes durchzusehen und wegzuschmeißen, was nicht mehr gebraucht wurde. Ihre Freundin Inge fragte sie, ob sie nicht Heiners Bücher gebrauchen könne.

Es war genau so, wie Horst Karther es vorausgesagt hatte. Brigitte Scholl ließ ihren Mann zu Hause einziehen, aber sie kostete seine Niederlage aus. Sie ließ ihn leiden, mehr denn je. Es ist schwer zu sagen, wie er darauf reagierte. Die Tage und Wochen, nachdem Heinrich Scholl aus Berlin zurückgekehrt war, wirken rätselhaft.

Er war emsig wie immer, betreute eine chinesische Delegation, die sich für die Entwicklung von Gewerbeparks interessierte, besorgte der Firma, die die Therme ausbauen sollte, ein Planungsbüro, half bei der Organisation des Adventsmarktes am Bad, und als kurz vor der traditionellen Weihnachtslesung in der Stadtbibliothek ein Vorleser ausfiel, sprang er ein und wünschte am Ende allen Gästen »Schöne Weihnachten«, auch im Namen seiner Frau.

Heinrich Scholl sagt, es sei eine gute Zeit gewesen, auch privat, seine Frau sei toleranter geworden und hätte ihm mehr Spielraum gelassen als früher. Brigitte Scholl aber erzählte ihrer Freundin Inge, dass ihr Mann sich nicht mehr alles gefallen lasse und ihr neuerdings widerspreche. »Wenn sie ihm gesagt hat, Heiner, hol mal dieses, hol mal jenes, hat er sich wie ein kleiner Wurzelzwerg benommen. ›Er steht vor mir wie ein Wurzelzwerg und beschimpft mich‹, hat sie gesagt.«

Die Polizei fand Mails aus dieser Zeit an Nantana auf Scholls Computer. Er schreibt ihr, wie sehr er sie vermisse, und bittet sie, ihn anzurufen. »Warum rufst du mich nicht an? Bitte rufe mich an, ich möchte wenigstens deine Stimme hören. Kisses Henry.« Am 31. Oktober, genau in jenen Tagen, als Heinrich Scholl seine Wohnung in Zehlendorf leer räumte, wurde in Nantanas Berliner Wohnung eingebrochen. Der Dieb öffnete die Tür mit einem Schlüssel und stahl fast ausschließlich Gegenstände, die Heinrich Scholl ihr geschenkt hatte, vor allem teure Handtaschen. Heinrich Scholl bestreitet einen Einbruch bei seiner Geliebten. »Das ist doch Schwachsinn«, sagt er. »Ich gehe doch nicht dieses Risiko ein am helllichten Tage. Warum soll ich denn die Taschen wiederholen?«

Nantana Piamsuk aber verdächtigte ihn. Sie bekam Angst, sagt sie, zog zu ihrem neuen Mann nach Sachsen und sagte Scholl, sie sei in Westdeutschland. Als er die Wahrheit herausfand, buchte sie einen Flug nach Thailand. Anfang Dezember flog sie ab.

Sie floh vor Heinrich Scholl. Aber sie konnte ihn nicht abschütteln.

Scholl schickte Nantana Piamsuk ruhelos SMS, kündigte an, sie besuchen zu wollen, oder gab vor, bereits in Thailand zu sein. Sie löschte seine Nachrichten, ohne sie zu lesen. Sie ging ins Kloster, ließ sich ihre langen Haare abrasieren. Jemand versuchte, in die Wohnung ihres neuen Freundes einzubrechen. Der Mann erhielt einen Drohbrief, aus Zeitungsbuchstaben zusammengesetzt: »Hättest du die Nutte mal im Puff gelassen. Jetzt dreht sich deine Frau das zweite Mal im Grab um.«

Der Verfasser des Briefes konnte nie ermittelt werden. Scholl sagt, er habe weder mit dem Einbruch noch mit dem Brief etwas zu tun, aber die Polizei fand in seinem Kalender später einen Eintrag vom 6. Dezember. Der Wohnort von Nantana Piamsuks neuem Freund stand dort, durchgestrichen. Auch auf Scholls Navigationsgerät war der Ort eingegeben worden, und auf seinem Computer entdeckte die Polizei dreihundertfünfundzwanzig Mal den Namen des neuen Liebhabers von Nantana Piamsuk sowie die Traueranzeige, die dieser nach dem Tod seiner Frau aufgesetzt hatte. Sie war ein halbes Jahr zuvor gestorben.

Heinrich Scholl, der kühl berechnende Technologe, der weitsichtige Bürgermeister, der vorbildliche Ehemann, schien sich aufzulösen. Er sagte später, er habe den Kontakt zu Nani nicht verlieren wollen, er wollte ja sein Geld zurückbekommen, aber er agierte, als habe sich der Boden unter ihm geöffnet.

Während seine Geliebte auf einem anderen Kontinent war, saß Scholl im Ludwigsfelder Eigenheim und schrieb fiebrig seine Liebesgeschichte um. Jahrelang hatte er an dem Manuskript gearbeitet, es immer wieder aktualisiert. Aus der Liebesgeschichte eines Geschäftsmannes mit Eheproblemen war inzwischen eine Art Sexroman geworden, in dem Heinrich Scholl mit viel Liebe zum Detail seine Bordellbesuche verarbeitet hatte, der Held hieß Henry, wie Scholls Pseudonym, Henry Sanders, ein unermüdlicher Liebhaber, ein Casanova. Jetzt sollte das Buch endlich veröffentlicht werden, spätestens zu Weihnachten, sagte er seiner Verlegerin. Im letzten

Moment änderte er den Namen der Geliebten von Tanja in Lydia, weil ein Freund meinte, Tanja klinge zu russisch.

Er holte sich die ersten zweihundertfünfzig Exemplare in dem kleinen Privatverlag im Fläming ab und verschenkte sie anschließend an Freunde und Bekannte. Sein Freund Herbert bekam eins, sein Freund Hans, der Tierarzt und seine Frau, der Bäderbetreiber, der Bauunternehmer aus Großbeeren. Rainer Fischer gab Heinrich Scholl gleich zwei Exemplare, eins für ihn selbst, eins für seine Tochter. Sie arbeitet in einem Wissenschaftsverlag. Scholl schien auf einen literarischen Durchbruch zu hoffen, oder er wollte eine Version seines Lebens unter die Leute bringen, mit der er leben konnte. Das Bild eines Mannes im Vollbesitz seiner Kräfte.

Die übriggebliebenen Bücher fuhr er auf einen Weihnachtsmarkt in Berlin und bot sie zum Kauf an. Heinrich Scholl, einst der erfolgreichste Bürgermeister Ostdeutschlands, Mitbegründer der brandenburgischen Sozialdemokratie und Bezwinger der höchsten Gipfel der Welt, ging mit seiner Bücherkiste von Stand zu Stand und bot seine erotische Lebensgeschichte an. Die Weihnachtsmarktverkäufer schüttelten den Kopf. Niemand kannte den kleinen Mann in Berlin. Scholl stellte die Bücherkiste am Eingang des Weihnachtsmarktes auf den Boden.

Seiner Frau sagte er nichts von dem Buch, versteckte es aber auch nicht. Es lag in seinem Schreibtisch im Arbeitszimmer, an den sie jederzeit herankam. Als sie ihn einmal darin lesen sah, fragte sie, was das sei. Heinrich Scholl sagte, das Buch habe ein Freund geschrieben, er lese Korrektur.

»Stell dir mal vor, der liest jetzt Korrektur für ein Sexbuch. Ist der bescheuert!«, sagte sie zu ihrer Freundin Karin. Ihrem Schulfreund Joachim Lehmann erzählte sie am Telefon, dass ihr Mann mit »irgendwelchen pornographischen Sachen« beschäftigt sei.

Ihr Mann wurde ihr immer fremder.

Heinrich Scholl erzählte ihr von einem Auftrag in China und kündigte an, bald wieder für ein paar Monate weg zu sein. Brigitte Scholl schien das nicht zu stören. Einer ihrer Putzfrauen sagte sie, ihr Mann sei bald wieder weg, dann kehre endlich wieder Ordnung ein.

Die Lokalreporterin Jutta Abromeit traf Heinrich Scholl kurz vor Weihnachten bei einem Waisenkinderprojekt im Ludwigsfelder Rathaus. Er sei ganz locker gewesen, sagt Jutta Abromeit. Er habe so ausgesehen, als habe er etwas vor, etwas Großes, worüber er noch nicht reden könne.

Auf dem Adventsmarkt im Nachbardorf sahen viele Ludwigsfelder den ehemaligen Bürgermeister und seine Ehefrau das letzte Mal zusammen. Brigitte Scholl wurde von einer Freundin begleitet. Heinrich Scholl verkaufte mit seinem Freund Herbert Bratwürste. Sie waren beide da, das Königspaar von Ludwigsfelde vereint, das hatte es lange nicht mehr gegeben.

Brigitte Scholl schien das zu genießen. Als eine von ihren Kundinnen sie fragte, was denn ihr Mann hier mache, antwortete sie: »Der Heiner ist zu mir zurückgekommen.«

Gittis Geheimnis

Als ihre Mutter sich zu Tode getrunken hatte, erzählte Brigitte Scholl überall, sie sei die Treppe hinuntergefallen. Ein Unfall. Als ihre Schwester wenig später starb, hieß es wieder, »ein Sturz, ein Unfall«, diesmal im Bad. Es waren Variationen der Wirklichkeit, mit denen Brigitte Scholl leben konnte. Geschichten, die sie der Ludwigsfelder Öffentlichkeit zumutete.

Wenige Monate vor ihrem Tod fiel sie dann selbst die Treppe hinunter.

Sie hatte plötzlich eine Prellung über dem Auge und eine tiefe Kerbe in der Stirn. Es war eine merkwürdige Verletzung für einen Treppensturz und sah eher so aus, als habe ihr jemand einen spitzen Gegenstand ins Gesicht geschlagen. Aber Brigitte Scholl bestand darauf, dass es ein Unfall war, wobei sie verschiedene Varianten davon in die Welt setzte:

Heinrich Scholl sagt, ihm habe Gitti erzählt, sie sei beim Verlassen des Badezimmers ausgerutscht und gegen den Schuhschrank geknallt. Freunden sagte sie, sie sei die Kellertreppe hinuntergefallen. Kunden erfuhren, dass sie im Bad gestürzt sei.

Mischte sie die Lüge vom Tod ihrer Mutter mit der vom Tod ihrer Schwester?

Siegfried Schmidt, ein Schulfreund, sah Brigitte Scholl in den Monaten vor ihrem Tod öfter, weil sie zusammen ein Klassentreffen organisierten. Einmal sah sie verquollen aus, als habe sie geweint. Als er fragte, was los sei, sagte sie, sie komme gerade vom Zahnarzt. Wurzelbehandlung. Das nächste Mal hatte sie die Prellung am Kopf. Sie erzählte vom Treppensturz. Siegfried Schmidt sagte: »Dann zeig mir doch mal deine Arme und Beine. Nach einem Treppensturz müsste ja alles noch grün und blau sein.« Brigitte Scholl wechselte schnell das Thema.

Sie benahm sich seltsam in den letzten Tagen und Wochen vor ihrem Tod. Es waren oft nur Kleinigkeiten, die erst nach ihrem Tod eine Bedeutung bekamen. Durch ihren Tod. Ihrer Putzfrau erzählte Brigitte Scholl beiläufig von ihren Beerdigungsvorbereitungen. Sie habe alles schon geregelt, sagte sie. Ein Grab nur für sich alleine, auch die Stelle habe sie ausgesucht und die Trauermusik. Die Putzfrau war überrascht von dieser unerwarteten Offenbarung. Brigitte Scholl hatte sie noch nie in private Dinge eingeweiht.

Ihrem Sohn zeigte Brigitte Scholl bei seinem letzten Besuch Ende Oktober einen Schuhkarton, in dem Briefumschläge mit Geld waren, insgesamt 5000 Euro. Sie sagte zu Frank, wenn ihr einmal etwas zustoße, solle er das Geld an sich nehmen. Der Papa wisse nichts davon.

Frank fragte seine Mutter nicht, ob sie krank sei oder wie sie auf die Idee komme, ihr könne etwas passieren. Er war es seit seiner Kindheit gewohnt, Aufträge seiner Mutter kommentarlos zu erfüllen. Wenn das alles Hilferufe waren, waren sie kaum zu hören. Es waren die Hilferufe, zu denen Brigitte Scholl in der Lage war. Eine Frau, die nie jemanden um Hilfe gebeten hatte.

Am 27. Dezember kam Brigitte Scholls Schulfreundin Maria zu Besuch in die Rathenau-Straße. Maria Zuckers Mann war seit langem schwer krank, und Brigitte Scholl wollte sie auf andere Gedanken bringen. Sie zeigte ihr den Weihnachtsbaum, bot ihr Kaffee an und versprach, in den nächsten Tagen mit frischem Moos vorbeizukommen, um ihre Blumenkästen winterlich zu schmücken. Maria Zucker setzte sich gar nicht erst hin, sie musste wieder zu ihrem Mann ins Krankenhaus, aber Brigitte Scholl fiel noch etwas ein, ein Gedicht, das sich ihre Freundin unbedingt noch anhören musste.

»Heiner, hol doch mal das Gedicht von der kleinen Kerze von oben«, sagte sie zu ihrem Mann im Brigitte-Scholl-Ton, der keinen Widerspruch erlaubte. Heinrich Scholl saß im Sessel und las Zeitung. »Das muss doch jetzt nicht sein«, wehrte Maria Zucker ab. Aber Brigitte Scholl ließ nicht locker, bis ihr Mann aufstand und die Treppe nach oben lief. Als er wiederkam, hatte er einen Zettel in der Hand und las Maria Zucker ein Gedicht vor. Es handelte von einer kleinen Kerze, deren heller Schein den Menschen Freude bringt, ihre Herzen erwärmt, dabei selbst immer kleiner wird, bis sie schließlich ganz erlischt, aber trotzdem nur Freude hinterlässt, keine Trauer.

Es war einer dieser Kalendersprüche, die Brigitte Scholl gerne an Freunde und Bekannte verteilte. Maria Zucker hörte nicht richtig hin, und sie hätte das Gedicht vermutlich längst vergessen, wenn sie ihre Freundin nicht an jenem Tag das letzte Mal gesehen hätte. Zwei Tage später war Brigitte Scholl tot. Im Wald begraben unter einer Decke aus Moos. Maria Zucker fragt sich heute noch, ob das Gedicht womöglich ihren Tod ankündigen sollte. Die verlöschende Kerze, Brigitte, das Moos. Sie wollte es für sie sammeln.

Jeder versucht, sich zu einer Tragödie ins Verhältnis zu setzen.

Es gibt noch mehr Dinge, die jetzt, im Nachhinein, merkwürdig erscheinen. Ein Nachbar erinnert sich, dass Brigitte Scholl ihm auf der Straße ein friedvolles neues Jahr wünschte. Friedvoll! Das habe sie noch nie gesagt, sagt der Nachbar. Eine Kundin wunderte sich, dass Frau Scholl ihr bei ihren letzten beiden Kosmetikterminen aufschrieb, wo sie ihre Hautcreme bestellen könnte. Normalerweise besorgte Brigitte Scholl die Creme, und man kaufte sie direkt bei ihr im Salon. Sie sprach auf einmal davon, ihr Kosmetikstudio zu schließen, und begann noch zwischen den Feiertagen, andere Salons zu testen, um sie ihren Kundinnen empfehlen zu können. Dabei war ihr Kalender mit Terminen bis in den März hinein voll.

Mit ihrer Freundin Inge telefonierte Brigitte Scholl das letzte Mal am 27. Dezember. Es war ein langes Gespräch. Die beiden Frauen erzählten sich, wie sie Weihnachten verbracht hatten. Die Scholls hatten eigentlich zu Frank fahren wollen, sagten aber wegen Ursus ab. Die lange Fahrt war zu anstrengend für den alten Hund. Brigitte Scholl sagte, sie sei mit Heiner zum traditionellen Turmblasen auf dem Rathausplatz gewesen und mit Freunden beim Brunch in Potsdam. Zum Schluss sagte sie, sie müsse ihr unbedingt noch etwas erzählen, aber das gehe jetzt nicht, der Heiner sei hier. Sie rufe später noch mal an.

Inge Karther hat nie erfahren, was Brigitte Scholl ihr erzählen wollte. Als sie das nächste Mal bei ihrer Freundin anrief, ging Frank an den Apparat.

Er sagte: »Mama ist tot und Papa beim Verhör.«

Unter dem Moos

Am 30. Dezember um 14:51 Uhr ging in der Ludwigsfelder Polizeiwache ein Anruf ein. Ein Mann war am Telefon. Sein Name war Scholl, er rief aus dem Wald an und sagte, die vermisste Frau sei vermutlich gefunden worden. Der Notarzt und die Schutzpolizei waren als Erste vor Ort. Sie trafen auf drei Männer in Wetterjacken, mit festem Schuhwerk und Mützen: Heinrich Scholl, sein Sohn Frank und Horst Singer, der befreundete Tierarzt.

Der Sohn stand vorne an der Straße und wies die Einsatzwagen ein, Heinrich Scholl und der Tierarzt warteten im Wald. Frank weinte, Heinrich Scholl war blass und zitterte. Der Tierarzt zeigte der Polizei den Weg zur Schonung, in der sie die Damenschuhe gefunden hatten. Von den Schuhen aus konnte man in der Nachmittagsdämmerung gerade noch die beiden mit Moos bedeckten Hügel erkennen. Der große Hügel hatte die Länge eines Menschen, unten ragten zwei Füße heraus, an der Seite eine Hand. Der andere Hügel war kleiner und runder. Es erinnerte an eine Grabstätte, eine rituelle Grabstätte. Ein Märchengrab. Die Beamten, die später beschreiben sollten, wie sie Brigitte Scholl und ihren Hund vorgefunden hätten, benutzten das Wort »beerdigungsgleich«.

Immer mehr Einsatzkräfte kamen, die Kripo, die Feuerwehr, die Spurensicherung. Das Gebiet wurde großflächig abgesperrt und Scheinwerfer aufgestellt. Als die Forensiker des Landeskriminalamtes Potsdam mit ihrer Arbeit begannen, war es bereits dunkel. Auf dem Polizeivideo ist zu sehen, wie fünf Gestalten in weißen Anzügen und blauen Schuhen von einem Hügel Moospolster, Zweige und Blätter entfernen und in Plastiktüten packen. Immer mehr Moos, immer mehr Blätter. Ganz langsam gehen sie vor, bis das gleichförmige modrige Grau des Mooses andere Farben freigibt. Man erkennt das dunkle Blau einer Jacke, das Gelb eines Gummihandschuhes, das Weiß menschlicher Haut.

Anfangs sah alles nach einem Sexualdelikt aus. Die Tote lag auf dem Rücken, ihr Kopf steckte in einer Plastiktüte, die Hosen waren heruntergezogen, der Slip hing am linken Bein, am Tatort wurden ein Kondom sowie eine Viagratablette gefunden. Bei der Obduktion im Labor stellten die Gerichtsmediziner allerdings fest, dass die Vergewaltigung nur vorgetäuscht worden war. Hinweise auf einen Geschlechtsverkehr gab es nicht, dafür fanden sie Blutergüsse am Kinn, den Handgelenken und Oberarmen sowie Würgemale am Hals. Sie schlussfolgerten, dass Brigitte Scholl mit der Faust ins Gesicht geschlagen wurde und nach hinten fiel. Dann kniete sich der Täter zu ihr, legte ihr einen Schnürsenkel um den Hals und zog zu. Anschließend stülpte er ihr die Plastiktüte über den Kopf, zog Hose und Slip herunter und verteilte die Viagratablette und das Kondom.

Der Schnürsenkel um Brigitte Scholls Hals war zweimal

verknotet worden, von vorne. Der Täter muss seinem Opfer beim Todeskampf direkt in die Augen gesehen haben.

Der Hund war auf die gleiche Art getötet worden. Erdrosselt. Es war die härteste Art, ein Tier zu töten. Hunde haben einen kräftigeren Hals als Menschen. Der Täter hatte in den Schnürsenkel einen Stock gedreht, wie einen Knebel. Über der Schnauze des Hundes steckte eine Fruchtgummitüte, mit einem Stück Wäscheleine zugeschnürt. Brigitte Scholl naschte gerne Fruchtgummis. Abwehr- oder Kampfspuren wurden nicht gefunden. Es wurden überhaupt kaum Spuren gefunden. Keine Fußabdrücke, kein Faserreste, keine Schleifspuren. Die Polizei ging davon aus, dass das Opfer beim Spaziergang mit dem Hund im Wald überrascht worden war. Den gelben Gummihandschuh, der an Brigitte Scholls Hand steckte, zog sie an, um sich beim Moossammeln vor dem Eichenprozessionsspinner zu schützen, einem Falter, der in Brandenburgs Wäldern verbreitet ist und gefährliche Hautreaktionen auslösen kann.

Ricarda Hoss* war die erste Kriminalistin, die am Tatort eintraf, blond, Anfang vierzig, eine Kommissarin. Sie bat Heinrich Scholl in ihren Funkstreifenwagen, um ihm ein paar Routinefragen zu stellen. Aber Heinrich Scholl redete von ganz alleine. Die Polizistin weiß noch genau, wie ihr der fremde Mann im Wald von der Doppelhaushälfte in Ludwigsfelde berichtete, in der er mit seiner Frau lebe, dass er aber bis vor kurzem eine kleine Wohnung in Berlin gemietet hatte. Eine Psychologin am Tegernsee hätte ihm zu diesem Schritt geraten, weil er schwer krank gewesen sei. Fünfzig Prozent seiner Krankheit hätten mit seinem stressigen Job als Bürgermeister zu tun gehabt, fünfunddreißig Prozent mit seiner Ehefrau. Seine Ehefrau sei sehr dominant. Sie habe ihn nicht seine Bilder im Haus aufhängen lassen, es habe ihn glücklich gemacht, in seiner eigenen Wohnung endlich ein Bild an die Wand nageln zu dürfen. Einmal habe er Frühblüher im Garten gepflanzt, und seine Frau habe sie alle wieder rausgerissen.

Ricarda Hoss arbeitet seit zwanzig Jahren bei der Kriminalpolizei und hat in dieser Zeit viele Angehörige von Mordopfern befragt. Sie hatte erwartet, dass Heinrich Scholl ihr erzählt, wie er seit dem Verschwinden seiner Frau durch die Hölle gegangen sei. Stattdessen berichtete er von Frühblühern und wie seine Frau ihn unterdrückt habe. Es klang fast wie eine Beichte.

Als die Polizistin von ihm wissen wollte, wie er den Tag verbracht habe, verstummte er. Der Mann der Toten wirkte auf einmal müde, legte die Hand an die Stirn, schloss die Augen. Die Befragung wurde abgebrochen.

Mehr als fünf Stunden dauerte der Einsatz im Wald. Als Heinrich Scholl, sein Sohn und der Tierarzt gehen durften, liefen immer noch Gestalten in weißen Plastikanzügen herum. Der Pick-up-Truck des Tierarztes stand noch an der Siethener Straße, dort, wo sie ihn am Mittag abgestellt hatten, um sich auf die Suche nach Brigitte Scholl zu machen. Sie fuhren durch die Stadt. Es war dunkel und still in Ludwigsfelde. Der vorletzte Tag des Jahres. Sie hatten zusammen Silvester feiern wollen. Brigitte Scholl hatte das Tierarzt- sowie das Psychologenehepaar nach Hause eingeladen. Drei Paare, wie in alten Zeiten. Sie wollten am Kamin sitzen, Musik hören, vielleicht tanzen. Brigitte Scholl hatte sich auf diesen Abend gefreut.

Karin Singer, die Frau des Tierarztes, wartete mit verweintem Gesicht an der Tür, nahm Frank und Heinrich Scholl in den Arm, führte sie ins Haus, goss Tee ein, servierte kleine Schnitten, die sie vorbereitet hatte in den Stunden, in denen sie auf Nachrichten von ihrer Freundin gewartet hatte.

Zu viert saßen sie im Wohnzimmer, wo Brigitte Scholl so oft in ihrem Leben gesessen hatte. Alles war noch genauso wie gestern, als sie das letzte Mal angerufen hatte, um über Silvester zu reden. Der Weihnachtsbaum leuchtete, im Fernsehen lief die Vierschanzentournee. Man konnte sich vorstellen, dass gleich das Telefon klingelte und Brigitte Scholl dran wäre, um ihrer Freundin zu sagen, was sie noch zur Silvesterfeier mitbringen solle.

Das Telefon blieb still, die Häppchen wollte niemand anrühren, ein Gespräch kam nicht zustande. Karin Singer stellte ab und zu eine Frage:

War es wirklich Gitti?

Was ist passiert?

Wo lag der Hund?

Was sagt die Polizei?

Frank schluchzte. Heinrich Scholl starrte. Sie sahen sich nicht an, sie sprachen nicht miteinander. An zwei Sätze nur kann sich Karin Singer erinnern.

Heinrich Scholl sagte: »Jetzt habe ich das auch noch an der Backe.«

Frank antwortete: »Wenn du sonst keine Sorgen hast.«

Frank blieb die ganze nächste Woche in Ludwigsfelde. Er hatte beschlossen, seinem Vater Gesellschaft zu leisten, bis klar war, was mit seiner Mutter geschehen war. Sein Vater schien darauf allerdings keinen großen Wert zu legen. Heinrich Scholl zog schon in der ersten Nacht wieder in das Schlafzimmer ein, aus dem ihn seine Frau verbannt hatte. Wenn Frank ihm Fragen stellte, sagte er »Ja« oder »Nein«.

Mehr nicht. Manchmal ging er vor die Tür und rauchte. Abends zündete er Kerzen an und trank Rotwein. Meistens saß er am Tisch und sah Unterlagen durch.

»Was machst du denn da?«, fragte der Sohn.

»Die Steuererklärung«, antwortete der Vater.

Sie hatten eigentlich immer ein gutes Verhältnis zueinander gehabt. Als Frank klein war, hatte Heinrich Scholl mit ihm gebastelt, in der Schulzeit war er im Elternaktiv und half ihm bei den Hausaufgaben. In der Lehrzeit überzeugte er ihn, auf der Abendschule noch das Abitur zu machen, und wartete jeden Tag um die gleiche Zeit an einer Straßenkreuzung, um ihm sein Abendbrot zu übergeben. Als Frank in den Westen ausreisen wollte, fuhr er ihn ins Aufnahmelager. Als er seine erste eigene Wohnung bezog, half er beim Renovieren.

Heinrich Scholl war für die praktischen Dinge in Franks Leben zuständig. Er war immer da, wenn er ihn brauchte. Als sein Sohn vierzig wurde, dankte er seinem Vater für all die Unterstützung, die er ihm im Leben gegeben hatte. Heinrich Scholl sagt, da habe er geweint, so gerührt sei er gewesen.

Jetzt schien nicht mehr viel übrig zu sein von der guten Vater-Sohn-Beziehung. Frank fand, dass sein Vater sich seltsam verhielt. Seine Frau war tot, aber er führte sein Leben weiter, als wäre sie nur mal für zwei Wochen in den Urlaub gefahren. Die Nachricht, dass Brigitte Scholl ihr Grab schon zu Lebzeiten bestellt hatte und alleine liegen wollte, ohne ihn, nahm er anscheinend emotionslos entgegen. Mit seinen Gedanken schien er woanders zu sein. Er erzählte Frank, dass die Therme in Ludwigsfelde erweitert werde und er dabei helfen solle. Auch von dem neuen Projekt in China redete er.

»Was willst du denn mit deinen neunundsechzig Jahren in China?«, fragte sein Sohn.

Einem Freund berichtete Heinrich Scholl von Transformatoren, mit denen man Straßenlaternen auf der Halbinsel Krim steuern könnte. Dort, am Schwarzen Meer, könne man ja auch wunderbar leben, da sei die deutsche Rente noch was wert.

Seiner Verlegerin teilte er mit, er hätte gerne eine zweite Auflage seines Buches – wegen verschiedener Rechtschreibfehler, und außerdem sei der Name der Geliebten nicht überall verändert worden. An manchen Stellen stand immer noch »Tanja« statt »Lydia«. Sie diskutierten eine Weile, ob Tanja russisch klang oder nicht. Dann, kurz bevor er auflegte, sagte Heinrich Scholl noch, dass seine Frau tot war.

Joachim Lehmann und seine Frau standen am 31. Dezember 2011 pünktlich um einundzwanzig Uhr in Abendgarderobe mit Sekt, Pfannkuchen und kleinen Gastgeschenken vor dem Haus in der Rathenau-Straße, um wie vereinbart mit Gitti und Heiner und dem Tierarztehepaar Silvester zu feiern. Joachim Lehmann und seine Frau wohnten in einem Nachbarort, die Nachricht von Gittis Tod hatte sie noch nicht erreicht und Heinrich Scholl nicht abgesagt. Das Haus war dunkel, als sie klingelten. Frank kam an die Tür und sagte: »Hier findet nichts statt.«

Journalisten hatten inzwischen herausgefunden, dass es sich bei der Toten im Wald um die Frau des ehemaligen Bürgermeisters handelte, aber nicht, wie sie umgekommen war. Die Polizei gab keinerlei Informationen heraus, um die Ermittlungen nicht zu beeinflussen. Jeden Tag waberte eine neue, gruseligere Mordversion durch die Kleinstadt. Erst steckte die russische Mafia dahinter, dann die thailändische, ein paar Tage später war es die polnische Zigarettenmafia. Franks leiblicher Vater meldete sich bei seinem Sohn und fragte, ob es stimme, dass Gitti mit einer Schrotflinte erschossen worden war. Der Putzfrau der Scholls war einen Tag vor dem Mord ein Jogger aufgefallen, den sie verdächtig fand, weil er beim Laufen nicht geschwitzt hatte. Ein Asiate, sagte sie. Ein Asiate, der nicht schwitzte. Andere Ludwigsfelder wussten zu berichten, dass das Opfer mit Feuerwerkskörpern so übel zugerichtet worden war, dass man es nur per DNS identifizieren konnte. Ein anonymer Anrufer warnte, der Mörder suche sich bereits sein nächstes Opfer.

Auch Brigitte Scholls Kundinnen bekamen einen Anruf. Ihr ehemaliger Bürgermeister war dran und sagte, wegen des Todes seiner Frau müsse er alle vereinbarten Termine absagen. Frank war auf die Idee gekommen. Er wollte verhindern, dass ahnungslose ältere Damen morgens um acht am Haus in der Rathenau-Straße klingelten, weil sie einen Kosmetiktermin hatten. Der Sohn diktierte die Telefonnummern. Der Vater rief an. Die meisten Kundinnen waren so geschockt, dass sie nicht einmal herzliches Beileid wünschten.

Es war eine der letzten einvernehmlichen Aktionen von Vater und Sohn.

Am Neujahrstag fuhren sie zusammen nach Potsdam, um in einem Restaurant essen zu gehen. Auf dem Rückweg kamen sie an dem Wald vorbei, in dem Brigitte Scholl ermordet worden war. Heinrich Scholl schlug vor anzuhalten. Frank wollte nicht. Heinrich Scholl stieg alleine aus, lief in den Wald, sein Sohn sah, dass er sich bückte. Später fuhr er noch einmal alleine zu der Stelle zurück, um nachzusehen, ob sein Vater etwas versteckt hatte. Er fand nichts. Frank rief die Kriminalpolizei an und sagte, sein Vater verhalte sich verdächtig.

Die Polizei überraschte das nicht. Auf die Zeugenaufrufe

hatten sich Leute gemeldet, die Scholl am 29. Dezember mit seiner Frau und dem Hund am Waldrand gesehen hatten, obwohl er bei der Polizeibefragung gesagt hatte, er habe sie an jenem Tag nicht zum Spaziergang begleitet, sondern sei mit Vermessungsarbeiten an der Therme beschäftigt gewesen. Weder die Baufirma noch der Bäderbetreiber konnten bestätigen, ihn mit Vermessungsarbeiten beauftragt zu haben. An der Therme war Heinrich Scholl nur bis zwölf Uhr gesehen worden und zum verabredeten Mittagessen mit seinem Geschäftsfreund in Berlin um dreizehn Uhr mehr als eine Stunde zu spät gekommen. Für die Tatzeit zwischen zwölf und dreizehn Uhr hatte er kein Alibi.

Der Mercedes von Brigitte Scholl war in einer Seitenstraße am Bahnhof gefunden worden, der Schlüssel lag in einem Laubhaufen. Zwei Zeugen hatten einen Mann in ihrem Auto durch die Stadt fahren sehen. Keiner von beiden hatte den ehemaligen Bürgermeister erkannt, aber die Polizei ging trotzdem davon aus, dass es sich nur um Heinrich Scholl handeln konnte: Er habe seine Frau erdrosselt, ihren Wagen in der Nähe vom Bahnhof abgestellt und sei mit seinem Nissan, der noch an der Therme stand, nach Berlin gefahren. Am Nachmittag habe er dann für Nachbarn, Freunde und Bekannte den besorgten Ehemann gespielt, am nächsten Tag die Suche nach seiner Frau organisiert und den Tierarzt und seinen Sohn, ohne dass sie es merkten, zum Tatort geführt. Heinrich Scholl habe dabei sein wollen, wenn die Tote gefunden wurde, um auf diese Art seine Spuren zu hinterlassen.

Auch das Motiv schien schnell festzustehen: die zerrüttete Ehe. Die Polizei wusste von der thailändischen Geliebten, auf dem Handy waren seine SMS an sie gefunden worden.

Ein Zeuge berichtete von Scholls autobiographischem Sexroman.

Zwei Wochen nach der Tat ging bei der Staatsanwaltschaft Potsdam der Antrag ein, gegen Heinrich Scholl Haftbefehl zu erlassen.

Der wusste davon nichts, aber er spürte, dass er umkreist wurde. Er war immer wieder von der Polizei befragt worden, eine Befragung hatte sechs Stunden gedauert und war ihm vorgekommen wie ein Verhör. Bekannten erzählte er, dass er für die Polizei der Hauptverdächtige sei. Als Heike Schramm ihm ein Mittagessen vorbeibrachte, saß er im Dunkeln vor einer Gästeliste für die Beerdigung, »klein und furchtbar traurig wie ein kleines Heinzelmännchen«, sagt sie. Als Joachim Lehmann zu Besuch kam, hockte Scholl bei Kerzenlicht in der Küche, bot seinem Gast lauwarmen Tee an, wirkte deprimiert und abwesend. Erst als er auf sein Buch zu sprechen kam, seine Liebesgeschichte, kehrte das Leben in Heinrich Scholl zurück. Er schenkte Joachim Lehmann ein Exemplar und erzählte ihm, wie er den Buchumschlag mit echten Rosenblättern gestaltet hatte.

Sein alter Freund Hans Streck fuhr mit Scholl nach Berlin ins Ägyptische Museum. Es war Heinrich Scholls Idee gewesen, er wollte raus aus Ludwigsfelde. Wie ein Tourist lief er durch die Ausstellungsräume in Berlin, bewunderte die Gestaltung der Räume und die Schönheit der Nofretete. Beim Essen später im Restaurant fing er an zu weinen und war kaum zu beruhigen. Hans Streck kannte seinen Freund seit seinem zwölften Lebensjahr. Er hatte ihn noch nie weinen sehen.

Wenige Tage später hatte Heinrich Scholl einen Verkehrsunfall. Er war unterwegs nach Dresden, wo er einen alten

Freund besuchen wollte, mit dem Gitti und er früher zusammen Urlaub an der Ostsee gemacht hatten. Es war nicht klar, warum er ausgerechnet diesen Freund jetzt treffen wollte, es schien wieder eine dieser seltsamen Aktionen eines traumatisierten Witwers zu sein. In Höhe Cottbus fuhr Heinrich Scholl auf einen Lkw. Sein Nissan hatte einen Totalschaden. Heinrich Scholl kam mit Prellungen davon. Er beteuert, es sei ein Unfall gewesen, der Laster habe ohne zu blinken die Spur gewechselt. Aber der Lkw-Fahrer sagte der Polizei, er habe geblinkt, und als Brigitte Scholls Freundin Inge Heinrich Scholl später fragte, wie er denn so alleine zurechtkomme, sagte er: »Es tut mir leid. Ich bereue es. Hätte auch fast geklappt auf der Autobahn.«

Die Beerdigung verlief reibungslos. Es kam zu keinem Eklat, keinem Streit, niemand brach zusammen. Alles war so, wie Brigitte Scholl es zu Lebzeiten geplant hatte. In der Kapelle stand ein großes Bild von ihr mit Ursus auf dem Arm. Frank hielt die Rede, er sprach davon, wie beliebt seine Mutter im Ort war, wie sie sich für andere engagiert hatte. Nur ihre engsten Freunde kamen, Inge Karther und ihr Mann, das Tierarztehepaar, der Psychologe mit seiner Frau, die SPD-Freunde aus Lichtenrade, Maria, die Schulfreundin.

Sie nahmen ihre Kränze auf und liefen hinter dem Urnenträger her. An der Spitze des Trauerzuges lief Heinrich Scholl mit einem weißen Rosenkranz.

Der Ludwigsfelder Friedhof ist ein parkartiges Gelände mit einer Kapelle, hohen Bäumen und alten Familiengräbern, einer der wenigen Orte, wo die Stadt ihren rauen, kalten Charakter verliert. Selbst das permanente Rauschen der Autobahn scheint ein bisschen leiser zu sein. Die Bewohner kommen gerne hierher, treffen Bekannte, gehen mit ihren

Hunden spazieren. Der Friedhof ist belebter als der Platz vorm Rathaus. Nur ganz hinten links gibt es eine Fläche, die verlassen ist, wo keine Kerzen brennen und selten jemand vorbeikommt. Hier befindet sich eine kleine Urnenstelle mit der Nummer 146, hier wurde Brigitte Scholl bestattet.

Später beim Essen im Restaurant ging Heinrich Scholl von Tisch zu Tisch. Er sah schlecht aus, der Heiner, sagt Horst Karther. Er bot ihm an, ihn in Ludwigsfelde zu besuchen. »Wenn du in Not bist, Heiner, komm ich her.« Heiner habe geantwortet: »Ach, lass mal, ich komme lieber zu euch.« Sie hätten sich eine Weile unterhalten, auch über Gitti. Heinrich Scholl wunderte sich, wie gut die Trauergäste über seine Frau sprachen. Zum Schluss sagte er: »Gitti hat alle geliebt, nur nicht mich.«

Zwei Tage nach der Beerdigung, im Morgengrauen, erschien die Polizei mit einem Einsatzkommando vor Heinrich Scholls Haus in der Walther-Rathenau-Straße 36. Er war noch im Schlafanzug, als er die Tür öffnete. In der Diele las ihm der Staatsanwalt den Haftbefehl vor, es bestehe der dringende Verdacht, dass er Brigitte Scholl umgebracht habe. Und den Hund. Im Beisein der Kriminalpolizei durfte er sich im Bad anziehen, danach musste er seine Schlüssel und sein Handy abgeben. Im Auto wurden ihm Handschellen angelegt. Er fragte, ob er seinen Sohn anrufen dürfe.

Kurz vor zehn Uhr klingelte fünfhundert Kilometer entfernt Franks Telefon. Die Hauptkommissarin teilte ihm mit, dass sein Vater am frühen Morgen festgenommen worden sei und sich derzeit zur Vernehmung in den Diensträumen der Mordkommission Potsdam befinde.

Der Prozess

Zehn Monate später, am 18. Oktober 2012 um 9 Uhr, begann im Landgericht Potsdam die Verhandlung gegen Heinrich Scholl. Er war »angeklagt des heimtückischen Mordes an einem Menschen in Tateinheit mit der Tötung eines Wirbeltieres ohne vernünftigen Grund«.

Nachrichtensender aus Berlin und Brandenburg kündigten den Prozessbeginn an wie eine Klausurtagung der SPD. Die ersten Besucher standen bereits um halb acht vor dem Gericht. Sie wurden durch eine separate Einlasskontrolle auf dem Hof direkt in den Verhandlungssaal geführt. Zu den Ersten in der Schlange gehörten eine Fußpflegerin, die vor zwanzig Jahren mit Heinrich Scholl für die SPD im Kreistag gesessen hatte, ein alter Lehrer des Angeklagten sowie Freunde und Ludwigsfelder, die nicht glauben wollten, dass ihr ehemaliger Bürgermeister ein Mörder sein sollte.

Keiner konnte das glauben. Seit Heinrich Scholl verhaftet worden war, hatte er versichert, nichts mit dem Mord an seiner Frau zu tun zu haben. Freunden, die ihn in der U-Haft besuchten, zeigte er seine Handflächen und fragte: »Können diese Hände töten?« Er hatte sich zwei renommierte Anwälte genommen, war selbst aber auch nicht untätig geblieben. Im Haftbefehl stand, dass ihm für die Tatzeit ein Alibi fehlte. Stattdessen war er von Zeugen am Wald gesehen worden. Mit seiner Frau.

Als der Tierarzt ihn im Gefängnis besuchte, bat er ihn, Reiter ausfindig zu machen, die ihm und Gitti am 28. Dezember im Wald begegnet waren, einen Tag vor dem Mord. Damit wollte er beweisen, dass sich die Zeugen im Tag geirrt haben mussten. Außerdem schaltete er eine Anzeige in einer Wochenzeitung, die in allen Ludwigsfelder Haushalten kostenlos verteilt wurde. In der Anzeige stand:

»Liebe Ludwigsfelderinnen, liebe Ludwigsfelder, liebe Besucher der Therme, liebe Besucher der Stadt!
Wie Sie aus Funk und Fernsehen wissen, werde ich, Heinrich Scholl, verdächtigt, meine Frau und unseren Hund getötet zu haben. Ich befinde mich deshalb seit dem 25. Januar 2012 in Untersuchungshaft.
Ich bitte Sie um Ihre Mithilfe! Hat mich jemand am 29. Dezember zwischen 12 und 13 Uhr in oder auf dem Gelände der Therme gesehen? Bekleidet war ich mit einer dreiviertellangen dunkelblauen Wetterjacke und einer blauen Jeans.«

Die Anzeige erschien auf Seite sechs in der Rubrik »Alles, was Recht ist«, wo sonst Anwälte ihre Visitenkarten abdrucken lassen, und erregte im ganzen Land Aufsehen. Niemand konnte sich erinnern, dass es ein Angeklagter jemals gewagt hatte, aus dem Gefängnis heraus per Anzeige nach Entlastungszeugen zu suchen. Verboten war es nicht. In Ludwigsfelde grübelte man darüber, ob Heinrich Scholl jetzt völlig verrückt geworden war oder wirklich unschuldig im Gefängnis saß. Der Fall wurde immer bizarrer. Am Ende der Anzeige bedankte sich Heinrich Scholl bei den Lesern für ihre Aufmerksamkeit, wie er sich früher bei ihnen für ihre Wählerstimme bedankt hatte. Neben der Anzeige war ein Foto abgedruckt. Heinrich Scholl mit Krawatte, der verdienstvolle Bürgermeister, wie alle ihn kannten. Er lächelte milde.

Der Mann, der um neun Uhr den Verhandlungssaal 8 im Potsdamer Landgericht betrat, lächelte nicht. Heinrich Scholl trug ein blaues Polohemd unter einem offenen Jackett und wurde von zwei Wärtern in Uniformen begleitet. Seine Haare waren kürzer als sonst, er schaute zu Boden. Als die Fotografen ihr Blitzlichtgewitter beendet hatten und vor die Tür geschickt wurden, sah er kurz auf, nickte der Lokalreporterin Jutta Abromeit und einem Freund im Publikum zu. Zu seinem Sohn sah er nicht.

Frank saß gegenüber auf der Seite der Staatsanwaltschaft, ein schwerer Mann mit dem verstörten Blick eines Kindes. Sein Gesicht war rot, auf der Stirn sammelten sich Schweißperlen.

Bis August hatte Frank seinen Vater im Gefängnis besucht. Auch ihm gegenüber beteuerte Heinrich Scholl seine Unschuld, aber Frank wusste nicht, ob er ihm glauben konnte. Er wusste gar nichts. Er war der Sohn des Tatverdächtigen. Die Polizei sagte ihm nichts. Die Staatsanwaltschaft und Scholls Anwälte verwehrten ihm den Einblick in die Akten. Der Prozessbeginn zögerte sich immer weiter hinaus. Frank saß in seinem Haus in Wiesbaden und versuchte zu verstehen, was passiert war. Allein kam er nicht weiter. Im Sommer nahm er sich einen Anwalt und beschloss, als Nebenkläger in der Verhandlung aufzutreten. Nun musste ihm das Gericht die Ermittlungsergebnisse zur Verfügung stellen.

Aus den Akten schien sich ein klares Bild zu ergeben: Heinrich Scholl hatte kein Alibi für die Tatzeit, sein Handy war in der Nähe des Tatortes geortet worden, die Gerichtsmedizin hatte seine DNA-Spuren am Schnürsenkel sowie am Slip der Toten gefunden und die Staatsanwaltschaft anhand von Zeugenaussagen das Tatgeschehen minutiös rekonstruiert. Dennoch gab es Zweifel, ob es auch vor Gericht gelingen würde, Heinrich Scholl den Mord an seiner Frau zu beweisen. Die DNA-Spuren und die Handyortung waren keine eindeutigen Beweise für eine Täterschaft. Außerdem gab es weder Augenzeugen noch ein Geständnis. Heinrich Scholl, der als Politiker immer ein großer Redner gewesen war, hatte sich entschieden, vor Gericht von seinem Schweigerecht Gebrauch zu machen. Ein einziges Wort nur sagte er, als der Richter fragte, ob die biographischen Angaben korrekt seien.

»Ja«, sagte Heinrich Scholl.

Ihr Mandant müsse sich erst einmal ein wenig akklimatisieren, erklärte seine Verteidigerin. Und fügte mit Blick ins Publikum hinzu: »Die Vorwürfe gegen meinen Mandanten sind unberechtigt, die bislang ermittelten Indizien keine tragfähige Grundlage für eine Verurteilung.« Heinrich Scholl starrte auf seine Hände, aufrecht sitzend, hochkonzentriert, die Lippen so stark aufeinandergepresst, dass sie fast blau anliefen.

Er schien bereit für die nächste Herausforderung in seinem Leben. Diesmal ging es nicht um die schönste Frau, das beste Kreuzfahrtkostüm oder den nächsten Wahlsieg. Es ging um mehr als die Besteigung des Mount Everest. Es ging um alles.

Die ersten Zeugen waren die Polizisten, mit denen Heinrich Scholl am Tag, als seine Frau verschwand, zu tun hatte. Danach folgten Nachbarn, Freunde, jeder, der Heinrich Scholl in jenen Dezembertagen gesehen hatte oder etwas über seine Probleme und seine Ehe berichten konnte. Die halbe Stadt stand auf der Zeugenliste. Der Sohn, der Tierarzt, die Putzfrau, die Kosmetikerin, die Vermieterin aus Berlin, die besten Freundinnen des Opfers, die Notärztin, die Leitende Ermittlerin, die Verlegerin, die thailändische Prostituierte, ein Fahrlehrer, eine Steuerberaterin, Parteifreunde, eine Blumenverkäuferin, ein ehemaliger Liebhaber der Toten, der mazedonische Wirt aus Scholls Lieblingsitaliener, der Kassierer der FKK-Therme, der Badbetreiber, Geschäftsfreunde. Wie auf einer Bühne traten sie im Potsdamer Landgericht auf und wieder ab, Bürger einer deutschen Kleinstadt, die von Liebe berichteten, von Macht und von der Zeit.

»Atypisch« habe er Heinrich Scholls Auftritt gefunden, sagte der Polizist, der am 29. Dezember Innendienst im Ludwigsfelder Revier hatte. Er habe sich gewundert, warum jemand schon nach vier Stunden zur Polizei geht, nur weil seine Frau nicht nach Hause gekommen ist. Scholls Nachbarin erzählte, wie der ehemalige Bürgermeister am gleichen Abend bei ihr klingelte und ihr weinend um den Hals fiel. Sie kannte ihn seit Jahren, sie wusste, dass er in letzter Zeit kaum bei seiner Frau war, und wunderte sich über seine Tränen. Noch nie, sagte sie, habe sie ihn so emotional gesehen. Auch andere Zeugen berichteten, dass Heinrich Scholl sich an jenem Tag anders, irgendwie auffälliger verhielt, schon am Vormittag, als seine Frau noch lebte. Dem Kassierer der Therme, an dem er bisher immer vorbeigelaufen war, rief er zu: »Mann, ist das voll hier.« Bei einer Frau, die vor dem Bad eine Rauchpause machte, entschuldigte er sich, dass er im Parkverbot stehe: »Ich muss kurz rein und bin dann weg hier.« In der Sparkasse hatte er Probleme beim Geldabheben und lief mehrfach vor der Überwachungskamera hin und her. Im Berliner Restaurant Hamlet, wo er mit seinem Freund Mittag aß, erinnerte sich die Kellnerin noch gut an den Gast, weil er ein sehr hohes Trinkgeld gegeben hatte.

Der Tierarzt erzählte, wie »der Heiner« an seiner Tür geklingelt und gesagt hatte, dass seine Frau weg sei. Am nächsten Tag hätten sie sich zusammen mit dem Sohn auf die Suche nach ihr gemacht. Frank sei es gewesen, der die Schuhe entdeckt habe. »Die standen da wie auf dem Präsentierteller«, sagte der Tierarzt. Nicht weit davon habe er selbst dann »etwas Abgedecktes in Form eines Körpers« sowie »ein kleines Häufchen, aus dem rote Haare hervorschimmerten«, gesehen. »Da konnte man eins und eins zusammenzählen.«

Frank, der Sohn, war der erste Zeuge des zweiten Verhandlungstages. Er berichtete, dass sein Vater ihn in seinem Haus in Wiesbaden anrief und sagte, dass Mutti nicht da sei, auch nicht der Hund. Später habe er noch einmal angerufen, da sei schon der Hubschrauber samt Wärmebildkamera im Einsatz gewesen. »Ich war erstaunt von diesem ganzen Aufwand«, sagte der Sohn.

Nach einer schlaflosen Nacht sei er nach Ludwigsfelde gefahren, wo sein Vater schon auf ihn gewartet habe, um sich gemeinsam mit ihm auf die Suche zu machen. Etwa eine Stunde seien sie im Wald gewesen. »Der Tierarzt war schon auf dem Weg zurück, da rief mein Vater: Komm mal hier nach links, da ist sie auch manchmal langgelaufen. Ich hab gedacht, das ist doch völliger Irrsinn, was wir hier machen. Der Wald ist viel zu groß.«

Er sei dann in das andere Waldstück hineingelaufen und

plötzlich auf Schuhe gestoßen, ein schwarzes Paar Slipper. »Die standen da. Die sollten gefunden werden. Mein Vater hat gesagt: Das sind Muttis. Ich hab gesagt: Wat soll dat. Ich bin rumgehüpft wie 'n Derwisch, und er sagte ganz ruhig und sachlich: Ja, das sind Mamas Schuhe.«

Der Sohn erzählte, wie fremd ihm sein Vater in den Tagen, Wochen und Monaten nach dem Tod seiner Mutter wurde, wie schnell er zum Alltag überging, kaum redete, schon am Tag nach der Beerdigung den Schmuck aufteilte und die Polizei später feststellte, dass er die meisten Stücke ohnehin für sich selbst zur Seite gelegt hatte. In einem Interview vor dem Prozess hatte Frank gesagt, er wolle Klarheit bekommen, ob sein Vater schuldig sei. Jetzt vor Gericht hatte man den Eindruck, er habe die Antwort längst gefunden.

Daran änderten auch die Fragen von Scholls Verteidigerin Heide Sandkuhl nichts, die versuchte, die Aufmerksamkeit von Heinrich Scholl wegzulenken. Sie erkundigte sich nach Stalkeranrufen, die Brigitte Scholl bekommen hatte, und fragte nach einem Verehrer in der Holzhaussiedlung. Außerdem wollte sie von Frank wissen, ob er Briefe an die Kripo weitergeleitet habe, persönliche Briefe seines Vaters an ihn.

Einen las sie vor: »Lieber Frank, ich kann mir vorstellen, was in dir vorgeht. Aber lass dir versichern, dass ich deiner Mutter und Ursus nichts Böses getan habe. Ich war vielleicht ein wenig komisch, weil ich merkte, dass ich Zielscheibe der Ermittlungen der Kriminalpolizei bin. Aber ich hoffe, dass ich das in Zukunft einmal gutmachen kann. Ich liebe dich. Dein Papi.«

Heinrich Scholl wischte sich die Tränen aus den Augen, gerührt von seinen eigenen Worten. Sein Sohn weinte nicht. Er ließ alle Versuche, seinen Vater in ein besseres Licht zu rücken, abprallen. Die Stalkeranrufe lägen lange zurück, den Verehrer habe er nur erwähnt, damit in alle Richtungen ermittelt werde, und das mit den Briefen, ja, das könne er nicht ausschließen. »Die Mordkommission war ja der einzige Ansprechpartner, den ich hatte. Ich musste das ja auch alles irgendwie aufarbeiten.«

»Und, hat Ihnen das bei Ihrer Aufarbeitung geholfen?«, fragte die Verteidigerin kühl.

»Ich bin noch gar nicht bei der Aufarbeitung«, antwortete der Sohn.

Auch sein Ton wurde gereizter, seine Befragung wirkte immer mehr wie ein längst fälliger Streit zwischen Vater und Sohn. Nur dass der Vater seine Anwältin für sich sprechen ließ und der Sohn an beiden vorbei zum Richtertisch schaute. Nicht einmal sah er seinen Vater an, und auch der vermied jeglichen Blickkontakt. Man hatte das Gefühl, einer Art Familienaufstellung zuzuschauen.

»Haben Sie Ihren Vater eigentlich jemals gefragt, ob er den Mord begangen hat?«, wollte der Richter von Frank wissen.

Nein, sagte der, das habe er nicht.

Brigitte Scholls Sohn ging zurück zu seinem Platz neben seinem Anwalt. Er schwitzte. Es sah aus, als käme er aus einer Schlacht. In der Pause saß er mit dem Staatsanwalt und dem psychiatrischen Gutachter zusammen, weit weg von den beiden Verteidigern und den Freunden seines Vaters. Die Gerichtskantine teilte die Front. Am Kaffeeautomaten standen alle noch in einer Reihe, der Staatsanwalt, die Verteidiger, der Sohn, Journalisten, Ludwigsfelder. Hinter der Kasse fielen sie auseinander in Scholl-Befürworter, Scholl-Gegner und neutrale Beobachter, und wer auf welcher Seite stand, schien oft mehr eine Glaubens- als eine juristische Frage zu sein, vor allem an jenen Verhandlungstagen, an denen all die Demütigungen zur Sprache kamen, die Heinrich Scholl in seiner Ehe ertrug:

Wie ein »Butler« habe Gitti ihn behandelt.

Er habe immer gemacht, was sie wollte, und nie ein böses Wort gesagt.

Zum Schluss habe er unterm Dach auf einer Matratze schlafen müssen.

Der Hund habe es besser bei ihr gehabt als ihr Mann.

Brigitte Scholls Freundin Inge weinte und lachte, als sie von den langen Telefonaten zwischen Ludwigsfelde und Anklam berichtete. Brigitte Scholls Friseurin sagte, dass Gitti auf ihren Wünschen bestand, auch wenn die Friseurin Zweifel anmeldete. »›Bitte, Doris! Mach das so!‹ Als Heiner mir das Gedicht vorlesen musste, sagte er hinterher noch zu mir: ›So macht sie es immer mit mir‹«, sagte Maria Zucker. »Wenn ich Gitti gesagt habe, dass sie nervt, hat sie gelacht«, sagte Heike Schramm.

Fast alle Freundinnen kamen nach ihren Aussagen am nächsten Verhandlungstag wieder. Sie wollten wissen, wie es weiterging, sie wollten wissen, ob es der Heiner war. Der Prozess war so spannend wie ein Krimi, die beste Unterhaltung, die Ludwigsfelde zu bieten hatte, und außerdem eine gute Gelegenheit, sich endlich wieder zu treffen. Seit Brigitte Scholls Tod war ihr Freundeskreis auseinandergefallen. Niemand besorgte mehr Theaterkarten, niemand lud mehr in die Kellerbar ein. Heike, Karin und Maria, energiegeladene Rentnerinnen, bildeten Fahrgemeinschaften, brachten selbstgebackene Kekse mit in die Verhandlung. An das Essen in der Kantine konnte man sich auch gewöhnen. In der Vorweihnachtszeit gab es Flugente mit Rotkohl, das neue Jahr begann mit der Brigitte-Diät-Woche. Für ihre Besuche im Gericht machten sich die Frauen schick, Hosenanzug, Bluse, ein Tuch um den Hals. Brigitte Scholl wäre zufrieden gewesen.

Helga Gerlich, die Lichtenrader Sozialdemokratin, nutzte ihren Auftritt, um ein paar grundsätzliche Dinge klarzustellen. Sie hatte der Polizei gesagt, dass Frau Scholl in ihrer Ehe immer die Hosen anhatte, und als der Richter sie fragte, wie sie das denn meine, rief sie: »Einer muss ja die Hosen anhaben. Ich weiß ja nicht, wie das bei Ihnen zu Hause ist.« Sie sah den Richter herausfordernd an. Als er nicht antwortete, erteilte sie ihm eine kleine Lektion über Frauen, die alles zusammenhalten müssen. »Wir Frauen kriegen die Kinder, wir müssen alles leisten, und wir müssen uns den Mund fusselig reden. Ich hab immer zu Herrn Scholl gesagt: Sei froh, dass du eine Frau hast, die dir den Rücken freihält.«

Der Richter lächelte sie an wie ein trotziges Kind, im Publikum stöhnte jemand. Es war einer dieser Momente, in denen man vergaß, dass es hier um einen grausamen Mord ging. Der schmucklose Gerichtssaal wurde zur Bühne, auf der die kleinen und großen Geschlechterfragen erörtert wurden. Wie konnte eine Ehe so enden? Warum hat sich Heinrich Scholl von seiner Frau so herumkommandieren lassen? Und wer war hier eigentlich das Opfer?

Die Frauen im Publikum waren meist auf Brigitte Scholls Seite, die Männer auf Heinrich Scholls. Zu seinen größten Verteidigern zählten zwei seiner Kindheitsfreunde. Hans Streck, der seit dem Streit um die Kleiderordnung Brigitte Scholl nie wiedergesehen hatte, war einer der Ersten gewesen, die Heinrich Scholl im Gefängnis besucht hatten, und nun, da der Prozess begonnen hatte, machte er sich jeden Morgen auf den langen Weg aus seinem uckermärkischen

Dorf in die Landeshauptstadt, um seinem Schulfreund moralische Unterstützung zu leisten.

Dieter Fahle, jener Glasbläser, der in der Wendezeit mit Heinrich Scholl am runden Tisch gesessen hatte, war mitten in der Befragung des Sohnes in die Verhandlung geplatzt. Heinrich Scholl hüpfte vor Freude von seinem Stuhl. Fahle lebte seit vielen Jahren auf einem Segelschiff in Indonesien. Als er gehört hatte, dass sein Freund in der Klemme steckte, war er sofort ins Flugzeug gestiegen. Er glaubte der Staatsanwaltschaft kein Wort. Er kannte Gitti noch aus Schulzeiten und wusste, dass sein Freund Heiner von seiner Frau unterdrückt worden war und nicht umgekehrt. Für ihn gab es nur eine Erklärung: Gitti hatte ihren Mord selbst inszeniert, um ihrem Mann eins auszuwischen. Die Beweise lagen für ihn auf der Hand: der Selbstmord der Mutter, der Selbstmord der Schwester, Gittis Beerdigungspaket, von dem nur die beste Freundin und der Sohn wussten. Nicht zu vergessen die Tatsache, dass Frank, als er am 30. Dezember nach Ludwigsfelde kam, die Beerdigungsunterlagen mitgebracht hatte, obwohl er zu diesem Zeitpunkt noch gar nicht wissen konnte, dass seine Mutter tot war.

In der Gerichtskantine stieß Dieter Fahles Selbstmordverschwörung auf großes Interesse, wobei sich alle einig waren, dass man sich nicht selbst erdrosseln und mit Moos bedecken konnte. Aber es gab ja so viele Sachen, die man nicht verstand: Wie zum Beispiel sollte es Heinrich Scholl überhaupt alleine geschafft haben, seine Frau und den Hund zu töten? Hätte Ursus nicht gebellt oder gebissen, wenn jemand sein geliebtes Frauchen angriff? Warum war die Leiche mit Moos abgedeckt, warum standen die Schuhe im Wald? Und warum sollte Heinrich Scholl seine Frau am helllichten

Tag umbringen und anschließend mit ihrem Mercedes, den jeder kannte, durch die Stadt fahren, in der er achtzehn Jahre lang Bürgermeister gewesen war? Er war ein kluger Mann, darüber waren sich alle einig. Niemals wäre er das Risiko eingegangen, entdeckt zu werden.

Die Zweifel schienen sich zu bestätigen, als die Zeugen aufgerufen wurden, die Heinrich Scholl am 29. Dezember, dem Mordtag, mit seiner Frau am Waldrand gesehen haben wollten. Eine von ihnen war Anita Ludwig*, eine Parteifreundin Scholls. Sie nannte ihn Heiner, wusste von seinen Eheproblemen und seiner Wohnung in Berlin. Dass er wieder zurück nach Ludwigsfelde gezogen war, wusste sie aber nicht. Bis sie an einem Tag zwischen Weihnachten und Neujahr um die Mittagszeit die Siethener Straße entlangfuhr und am Straßenrand das Auto von Brigitte Scholl stehen sah, wie so oft, wenn sie mit ihrem Hund im Wald spazieren ging. Aber diesmal war die Bürgermeisterfrau nicht alleine. Anita Ludwig sah, dass ihr Parteifreund Heiner aus der Beifahrertür stieg. Er trug eine graue Jacke und stolperte. »Ich habe gedacht: Huch, sind die wieder zusammen?, und dann: Der ist aber grau geworden.«

Die Uhrzeit, über die Anita Ludwig sprach, stimmte mit der Tatzeit überein, der Ort mit dem Tatort, und den Angeklagten hatte sie genau erkannt. Nur eine Frage gab es noch. Der Richter stellte sie betont beiläufig, als wolle er ihr damit die Bedeutung nehmen, die Wucht. »Und«, fragte er die Zeugin, »erinnern Sie sich, an welchem Tag das war?«

Anita Ludwig sah den Richter an, dann erzählte sie eine lange Geschichte. Sie handelte davon, dass sie im letzten Jahr nicht rechtzeitig alle Weihnachtskarten verschickt und das dann zwischen den Jahren erledigt hatte. Vormittags schrieb sie Karten, mittags fuhr sie nach Ludwigsfelde, um sie auf dem Postamt oder im Zeitungsladen abzugeben. Drei Tage lang, immer zwischen 12 und 13 Uhr. Aber an welchem Tag hatte sie Herrn Scholl nun am Waldrand gesehen?

Man erfuhr, dass Anita Ludwig am Mittwoch auf dem Markt von Ludwigsfelde eine bestimmte Kartoffelsorte kaufte, die sie mochte. An allen drei Tagen war sie auf der Bank. Am Freitag hatte sie Geburtstag und war zweimal in der Stadt. Sie nahm an, bei einer dieser Fahrten den Notarztwagen am Waldrand gesehen zu haben. Deshalb schloss sie Freitag aus. Blieben Mittwoch oder Donnerstag. Bei ihrer ersten Befragung im Januar hatte sie vor sich hin gesagt: »Mittwoch, Donnerstag, Mittwoch, Donnerstag.« Als die Kommissarin sie fragte: »Pegeln Sie sich also auf Donnerstag ein?«, hatte sie genickt. Jetzt, vor Gericht, zuckte Anita Ludwig mit den Schultern. Sie wusste es nicht mehr.

Das war nicht die einzige Aussage, die vor Gericht auseinanderfiel, weil Zeugen sich plötzlich nicht mehr genau erinnern konnten. Eine Radfahrerin hatte Brigitte Scholl an ihrem Auto am Waldrand gesehen, »mit einer anderen Person«. Bei der Polizei hatte sie zu Protokoll gegeben, dass diese andere Person »Herr Scholl« war. Zehn Monate später, vor Gericht, war davon keine Rede mehr. Die Radfahrerin sagte, sie habe ihn damals nicht erkannt, sondern nur gemutmaßt, dass er es gewesen sein könnte.

Eine Gärtnerin schien ihre Aussage vorzusingen. Am Freitag gegen zwölf Uhr sei sie mit ihrem Mann nach Langerwisch auf den Großmarkt gefahren. Eigentlich würden sie ja nur dienstags und donnerstags fahren, »aber in dieser Woche ist es auch mal am Freitag gewesen, wegen der Grabschleifen«. Da habe sie das Auto von Frau Scholl stehen sehen. »Der Kofferraum war offen, sie kramte herum, Stadtschuhe aus, Waldschuhe an«, sang die Gärtnerin im Zeugenstand. »Ach, Frau Scholl dreht wieder ihre Waldrunde.« Es klang wie ein Kinderlied.

Allerdings konnte Frau Scholl am Freitag ihre Waldrunde nicht gedreht haben, weil sie bereits am Donnerstag ermordet wurde. Der Mann der Gärtnerin erinnerte sich deutlich, dass am Mordtag die Sonne schien. Der Wetterbericht aber bewies das Gegenteil. Der Richter fragte nach, erinnerte die Zeugen an ihre Aussagen bei der Polizei und verlor irgendwann die Geduld. Er schlug mit der flachen Hand auf den Tisch. Es half alles nichts. Am Ende ließ er sich erklären, woran man sieht, ob eine Rose frisch ist oder nicht. Der Stiel dürfe unten nicht braun sein, sagte der Gärtner.

Richter Tiemann ist ein schmaler Mann, der wie ein Oberlehrer zwischen den beisitzenden Richtern und Schöffen thronte. Er sprach meist so leise, dass er kaum zu verstehen war, und explodierte, wenn im Publikum jemand redete oder der Verteidiger zu viele Zwischenfragen stellte. In den Pausen zog Frank Tiemann seine Robe aus, eine Lederjacke an und ging vor die Tür, um zu rauchen. Er erinnerte nun eher an einen alternden Rocker. Brigitte Scholls Freundinnen raunten sich zu, der Tiemann sei ja auch ein ganz Flotter.

Die Verwirrung erreichte ihren Höhepunkt, als Wolfgang Schwade in den Zeugenstand gerufen wurde, ein neuer wichtiger Zeuge, der Heinrich Scholl am 29. Dezember 2011 im Auto seiner Frau gesehen haben will.

Vor fünfzig Jahren war Wolfgang Schwade jener junge, sportliche Lehrling, der jeden Morgen mit dem Rad von Ludwigsfelde nach Teltow fuhr und nachmittags am Bahnhof auf Brigitte Scholl wartete, um mit ihr zusammen im Zug zurückzufahren. Er war einer von ihren Verehrern, Heinrich Scholls Konkurrent gewissermaßen. Der Mann, der an diesem Januartag den Gerichtssaal betrat, war kahlköpfig, er trug Schnauzer und Goldkette und marschierte breitbeinig zum Zeugenstuhl. Er antwortete auf Fragen des Gerichts mit einem russischen »Ne snaju« oder »Da haben wir uns Mist verstanden«, und als er sagen sollte, was er an jenem Tag für Kleidung trug, entgegnete er trocken: »Weste, Strickjacke – und, nun ja, 'ne Hose.« Der ganze Saal lachte, selbst der Angeklagte und der Richter grinsten.

Wolfgang Schwade hatte seine Jugendliebe seit ihrer Hochzeit nur noch zufällig gesehen, aber nie ganz aus den Augen verloren. Er kannte ihre Freunde, ihren Hund, ihr Auto – und ihren Mann kannte er natürlich auch.

»Wann haben Sie Heinrich Scholl denn das letzte Mal gesehen?«, wollte der Richter wissen.

»Am Neunundzwanzigsten.«

»Können Sie uns von dieser Begegnung erzählen?«

»Ich hatte an diesem Tag ein bisschen Stress. Die Reinigung hatte mein Bett versaut. Von da bin ich zum Zahnarzt gefahren, um meine Knirschschiene abzuholen. Der Termin war um 12:30 Uhr, fünfzig Minuten später war ich wieder draußen. Dann hab ich bei Netto noch ein paar Flaschen Sekt geholt und bin wieder losgefahren. Links in der Fontanestraße stand das Auto von Gitti mit Heiner drin.«

Im Gerichtssaal war es jetzt sehr ruhig, alle begriffen, dass das eine wichtige Aussage war, vielleicht die wichtigste überhaupt.

Wer sonst als Brigitte Scholls Mörder konnte in ihrem Auto gesessen haben?

»Sind Sie sich sicher, dass es Heinrich Scholl war?«, fragte der Richter.

»Hundertprozentig sicher.«

Alles stimmte, der Ort, die Zeit, das Wetter. Es sah nicht gut aus für den Angeklagten. Brigitte Scholls Jugendliebe würde ihm zum Verhängnis werden.

Dann aber, direkt nach Wolfgang Schwade, bezeugten zwei Ludwigsfelder Autohändler, dass sie Heinrich Scholl zur Tatzeit bei seinem Lieblingsitaliener gesehen hatten. Es musste der 29. Dezember gewesen sein, denn das war der Tag, an dem sie erfuhren, dass ihr Autohaus verkauft werden soll, woraufhin sie ins Da Toni gingen, um bei Rotwein die Lage zu besprechen. Scholl habe einen dunkelblauen Trenchcoat getragen. Er sei aus Richtung Therme zum Restaurant gelaufen und habe ebenfalls Rotwein getrunken. Bis in den Nachmittag hinein.

Es war eine merkwürdige Aussage, vor allem weil Heinrich Scholl selbst nie angegeben hatte, in der Mittagszeit im Da Toni gewesen zu sein. Sein Alibi war die Therme. Nach der Therme war er in Berlin Mittag essen gewesen, zwischen 14:30 Uhr und 15:30 Uhr. Das stand fest. Dafür gab es Zeugen.

Scholl war nicht anzusehen, was er von seinem doppelten Alibi hielt, er schrieb seinen Block voll wie immer. Sein Anwalt fragte lediglich, ob Heinrich Scholl zwischendurch mal für zwei Stunden weg gewesen sein könne. Daran konnten sich die Zeugen nicht erinnern. Sie blieben bei ihrer Aussage.

Es wurde immer komplizierter. Jeder schien etwas zu wissen, aber niemand war unvoreingenommen. Wolfgang Schwade war in Brigitte Scholl verliebt gewesen. Der Autohändler hatte Heinrich Scholl mal einen Audi geleast, außerdem war seine Ex-Schwägerin eine enge Freundin des Angeklagten. Scholls Nachbar wurde vom Bürgermeister zu Fußballturnieren und Grundsteinlegungen mitgenommen. Fast alle Männer, die vor Gericht auftraten, kannten Heinrich Scholl aus dem Autowerk. Die Frauen waren bei Brigitte Scholl zur Kosmetik gewesen.

Wolfgang Schwade musste ein paar Wochen später erneut vor Gericht erscheinen, weil sich herausgestellt hatte, dass die Zahnarztpraxis über Weihnachten und Silvester geschlossen war, auch für die Reinigung und den Sektkauf ließen sich keine Belege mehr finden, und der Nachbar, dem Schwade von seiner Begegnung mit Scholl erzählt hatte, tat so, als wisse er von nichts. Die Autohändler schien niemand richtig ernst zu nehmen. Es war viel Rotwein geflossen an jenem Nachmittag, das Gericht ging davon aus, dass sich die Männer im Tag geirrt haben mussten.

Die nächsten Verhandlungstage brachten auch nicht mehr Klarheit.

Die Verlegerin versicherte, die strittige Szene in Heinrich Scholls erotischer Erzählung habe sie sich ausgedacht, nicht er. Der Polizeispürhund »Miss Marple« war vom Tatort aus nicht der Spur des Mörders, sondern der eines Polizisten gefolgt. Die Handyortung, einer der wenigen anscheinend stichhaltigen Beweise, erwies sich als unbrauchbar, weil die Funkzelle zu groß war, um den genauen Aufenthaltsort des Anrufers zu bestimmen. DNA-Spuren am Slip und am Schnürsenkel, mit dem der Hund erdrosselt wurde, stammten zwar mit hoher Wahrscheinlichkeit von Heinrich Scholl, aber es war schwer zu sagen, ob die Spuren erst am Tatort oder schon vorher, im gemeinsamen Haushalt, entstanden waren. Immerhin hatte das Ehepaar ein Bad geteilt, und es bestand ja auch die Möglichkeit, dass die ordnungsliebende Brigitte Scholl den Schnürsenkel selbst eingepackt hatte, um damit ihre Moostüte zuzubinden. Zudem hatte die Probe vom Slip eine Woche lang »undokumentiert« im Landeskriminalamt herumgelegen, was die Verteidigung als »riesige Schlamperei« bezeichnete und mit immer neuen Anträgen zu nutzen versuchte.

Inzwischen war es Frühling geworden in Potsdam. Ein langer, dunkler Winter war vorbei, der zweite nach Brigitte Scholls Tod. Ihre Freundinnen trugen bunte Kleider und leichte Strickjacken. Im Nachbarsaal des Landgerichtes hatte die Verhandlung über einen grünen Schatzmeister aus Brandenburg begonnen, der die Kasse seiner Partei geplündert hatte. Scholls Freund Dieter Fahle war einmal nach Indonesien und wieder zurückgeflogen. Sein Schiff war in eine Tsunamiwelle geraten und beschädigt worden. Manchmal begleitete ihn eine junge indonesische Frau zum Prozess, die in Deutschland Arbeit suchte. Sie verstand kaum Deutsch, sie wusste nicht einmal, was dem Freund ihres Bekannten vorgeworfen wurde. Sie lächelte viel, aß tapfer die Kantinenkartoffeln und wurde von den Journalisten mit Nantana verwechselt. Dieter Fahle konnte gerade noch dazwischenspringen, als die Fotografen ihre Kameras auf sie richteten.

Nantana Piamsuk war Wochen zuvor als Zeugin vor Gericht erschienen, eine schmale, überraschend unscheinbare Frau mit Brille, Glockenmütze, Jeans, Strickweste und Hemdbluse. Bei ihrer Polizeibefragung hatte sie »Prostituierte« als Tätigkeit angegeben, im Gericht sah sie wie eine Studentin aus.

Der Auftritt seiner ehemaligen Geliebten war ein demütigender Moment für den einst so geachteten Bürgermeister.

Erst musste er sich anhören, wie sie kühl und ohne Dankbarkeit die Liste seiner Geschenke bestätigte, die der Richter ihr vorlas, dann wurde er von ihr als sexsüchtiger Mann dargestellt, der immer mehr die Kontrolle über sich verlor.

Ihre Zeugenaussage wurde von einem Dolmetscher übersetzt, nur manchmal, wenn sie aufgeregt war oder fand, dass nicht sie, sondern der Angeklagte die Frage beantworten sollte, sprach sie deutsch. »Warum fragen Sie ihn das nicht?«, sagte sie zum Richter.

Eifersüchtig sei Heinrich Scholl gewesen, und er habe ihr ständig hinterherspioniert. »Er hat gesagt, wenn du einen neuen Freund hast, dann ist es doch gut, wenn es für dich schön ist«, sagte sie. »Aber seine Augen haben das Gegenteil gesagt. Sein Gesicht war ganz blass in diesem Moment. Im Thailändischen sagt man: Er lächelt, aber er zeigt nicht, was er im Herzen hat.« Heinrich Scholl, nicht einmal zwei Meter Luftlinie von ihr entfernt, hörte zu, blass im Gesicht, die Muskeln angespannt. Und zeigte nicht, was er im Herzen hatte.

Sie beschrieb, wie sie immer mehr Angst vor ihm bekam, vor allem am Ende, als er sogar den Wohnort ihres neuen Freundes herausfand und bei ihr zu Hause eingebrochen wurde. Nantana Piamsuk ist sich sicher, dass Heinrich Scholl die Handtaschen zurückholte, die er ihr geschenkt hatte. Eine Mail, die die Polizei in seinem Computer gefunden hatte, schien das zu bestätigen. »Wie du siehst, habe ich ein paar Dinge mitgenommen«, heißt es darin. »Dafür lasse ich dir unseren Ring.« Am Schluss steht der Satz: »Mach dir keine Sorgen, ich habe gute Leute, die finden dich.«

Nantana Piamsuk hat diese Zeilen nie gelesen, weil sie ihre Mail-Adresse abgemeldet hatte. Auch die vielen SMS, die ihr Heinrich Scholl schrieb, hat sie sofort gelöscht, und aus irgendeinem Grund konnte das Gericht später nicht mehr feststellen, was darin stand. Nur die Zeiten sind bekannt, der Richter las sie vor: 28.12.: 11:26 Uhr und 19:07 Uhr, 29.12.: 22:50 Uhr, 30.12: 00:43 und 7:54. Es handelte sich genau um die Tage, Stunden und Minuten, in denen Brigitte Scholl verschwand.

Im Saal war es jetzt still. Fragen standen im Raum, wichtige Fragen: Was wollte Heinrich Scholl seiner Geliebten mitteilen? Dass er frei war? Dass er ein neues Leben anfangen könne, mit ihr, ohne seine Frau? Wer war dieser Mann auf der Anklagebank? Warum sagte er nicht, was er gedacht und getan hatte in jenen letzten Tagen des Jahres 2011? Was verschwieg er?

Der psychiatrische Gutachter Alexander Böhle hatte lange mit Heinrich Scholl im Gefängnis gesprochen und ihn während der Verhandlung von seinem Platz zwischen Staatsanwalt und Nebenkläger aus beobachtet. Gleich zu Beginn seines Gutachtens stellte Böhle klar, dass er auch nicht viel sagen könne. Heinrich Scholl habe zwar mit ihm über sein Leben, aber nicht über den Tod seiner Frau gesprochen. Es sei sehr wenig Material da, man könne psychiatrisch nur schwer Schlüsse daraus zu ziehen. »Es gibt ein großes Loch.«

Beim ersten Gespräch mit dem Gutachter war Heinrich Scholl höflich distanziert, beim zweiten »zugewandter, offener«. Er berichtete dem Sachverständigen »freudig« über seine schulische und berufliche Entwicklung. Der Angeklagte sei darum bemüht gewesen, sich als tugendhaften, stabilen und sorglosen Menschen darzustellen, sagte Böhle, er habe – bewusst oder unbewusst – Antworten verzerrt, um in einem besseren Licht dazustehen. Ein Test habe gezeigt, dass Heinrich Scholl direkte aggressive Auseinandersetzungen vermeide. »Er pöbelt nicht zurück, wenn er angegriffen wird, er verdrängt so etwas oder nimmt es gar nicht erst wahr.« Außerdem neige Scholl aufgrund eines riesigen Über-Ichs dazu, Beschuldigungen von anderen sofort anzunehmen, gegen sich selbst zu wenden und sich zu verteidigen: Das war nicht meine Absicht! Das habe ich nicht gewollt! Überhaupt tue er sich mit Gefühlen oder der Einschätzung emotionaler Beziehungen sehr schwer. Heinrich Scholl wirkte »kühl« auf den Sachverständigen.

Ursachen sieht er in der Kindheit Scholls. Böhle sprach von einem »familiären Milieu des sozialen und emotionalen Mangels« und »autoritären Strukturen«. Einen Vater habe es praktisch nicht gegeben, seine Mutter sei die Dominante gewesen, noch heute zeige Scholl Verständnis dafür, dass sie so hart mit ihm umging. »Richtig böse« sei der Angeklagte bei der Frage geworden, warum er sich alles von seiner Mutter gefallen ließ: Wenn Mutter das sagte, dann war das so. »Ein mit der Mutter identifizierter Junge, eine sehr traurige Entwicklung, eine Situation, in der ein Kind wenig reifen kann«, so Böhles Fazit. Daraus würden oft Menschen werden, denen es später schwerfalle, komplexe menschliche Beziehungen einzuschätzen.

Das unterwürfige Verhältnis zu seiner Mutter habe sich nahtlos in seiner Ehe fortgesetzt. »Er ist praktisch von einem Dominanzregime ins nächste gekommen«, sagte der Gutachter. Anfangs sei das Heinrich Scholl nicht weiter aufgefallen, auch weil Frank, Brigitte Scholls Sohn, von ihr ja genauso behandelt wurde. Später habe Scholl sein Amt als Bürgermeister geholfen, die Eheprobleme zu kompensieren, »da war er Chef, da hatte er das Sagen«.

Die Probleme in seiner Ehe habe Heinrich Scholl jahrzehntelang verdrängt, geleugnet und extrem bagatellisiert, so Böhle. Auch gegenüber seiner Geliebten Nantana sei er völlig unkritisch gewesen, gleichzeitig aber »gefühlsmäßig sehr eingebunden«. Die Beziehung habe von Scholls Seite aus eine sehr hohe Intensität gehabt, »sicherlich auch geprägt von Nachholwünschen. Er hatte ja nicht viele Frauen«. Dass ein Mann, »der mal Bürgermeister und dabei ja auch auf seine Intuition angewiesen war«, es überhaupt nicht schaffte, emotional Distanz zu halten, verwunderte den Sachverständigen. Aber von einer psychiatrischen Störung, einer schweren seelischen Abartigkeit, könne keine Rede sein, sagte er. Heinrich Scholl sei überdurchschnittlich intelligent, könne sich gut orientieren und selbst reflektieren. »Demenz, Vergesslichkeit, all das kann ausgeschlossen werden, ebenso Halluzinationen, Verfolgungswahn oder schizophrene Psychosen.«

Voll schuldfähig, das war die wichtigste Einschätzung für das Gericht, keine Strafermäßigung also. Der Psychologe, ein gelassener Mann mit Halbschalenbrille, Fliegenträger, analysierte den Mann auf der Anklagebank wie einen Patienten. Scholl hörte interessiert zu. Vielleicht verglich er die Erkenntnisse des Sachverständigen mit denen seiner Therapeutin am Tegernsee. Vielleicht bedauerte er, dass Gitti sich damals nicht auf die Ehetherapie mit dem Pfarrer eingelassen hatte.

Alexander Böhle beschrieb die Ehe der Scholls als ein langes Verhältnis von Macht und Unterwerfung. Scholls Unfähigkeit, seine Gefühle zu zeigen und Aggressionen herauszulassen, habe zu einer psychosomatischen Störung geführt. »Es war ja nicht nur ein nettes Detail, dass Frau Scholl so rigide mit ihrem Mann umging. Da muss eine extreme Abwehr stattgefunden haben.« Auch seine schwere Darmerkrankung ließe sich so erklären.

Auf die Frage, ob Heinrich Scholl der Täter gewesen sein könnte, entwarf Böhle ein mögliches Szenario: Beim gemeinsamen Spaziergang im Wald ist es zum Streit gekommen. Scholl hat seine Frau im Affekt erdrosselt. Später »wacht er auf«, kehrt in den Wald zurück, sieht das Opfer vor sich, bedeckt es mit Moos und ruft dann die Polizei, »weil es ja gar nicht nachvollziehbar ist, dass er es getan hat«. Das gebe es, sagte Böhle. Gerade bei so gehemmten Menschen wie Scholl sei die Gefahr von sogenannten Impulsdurchbrüchen besonders groß.

Aber das sei alles nur ein Konstrukt. »Ich weiß bis heute nicht, ob Herr Scholl es getan hat oder nicht.«

Alexander Böhle war der 97. Zeuge im Prozess um den Mord an Brigitte Scholl, es folgten weitere Gutachter- und Zeugenaussagen, darunter die eines neunjährigen Mädchens, das zwischen den Feiertagen mit seiner Schwester und seinem Vater im Wald ausgeritten war und dabei einem Paar mit Hund begegnet war: Heinrich Scholl und seiner Frau. Sie war die Zeugin, die der Tierarzt im Auftrag des Angeklagten gefunden hatte. Der Richter saß direkt vor ihr, als er versuchte, ihrer Erinnerung mit einfachen Fragen auf die Sprünge zu helfen. Vergeblich. Weder sie noch ihre Schwester, noch ihr Vater konnten sagen, an welchem Tag die Begegnung im Wald stattgefunden hatte.

Auch auf die Anzeige im Wochenblatt hatten sich Zeugen gemeldet, die Heinrich Scholl kurz nach zwölf Uhr, also zur Tatzeit, an der Therme gesehen haben wollen. Aber sicher war das nicht. Es könnte auch kurz vor zwölf gewesen sein. Der Tod von Brigitte Scholl versank immer mehr im Nebel der Erinnerung.

Der Staatsanwalt hielt in seinem Plädoyer unbeirrt an

Mord aus Heimtücke fest und fügte einfach die Zeugen und Zeiten so zusammen, dass alles wieder zu seiner Anklage passte. Eine gute Vorlage für die Verteidigung, die die Indizienkette der Staatsanwaltschaft auseinandernahm und ihre eigene präsentierte, eine, bei der Heinrich Scholl auf keinen Fall der Mörder gewesen sein konnte. Scholls zweite Verteidigerin, Heide Sandkuhl, aber hatte noch ein Plädoyer vorbereitet. Sie versuchte das Gericht zu überzeugen, dass ihr Mandant seine Frau im Affekt getötet habe. Sie sagte, sie mache das nur für den Fall, dass das Gericht der anderen Argumentation nicht folge. Ein taktischer Trick also, aber Heide Sandkuhl war sehr überzeugend. Ein unbedeutender, aber für Heinrich Scholl kränkender Moment könne der Auslöser gewesen sein, aus seiner Ehe auszubrechen, sagte sie. »Er hat vielleicht in hochdramatischen Sekunden die Kontrolle verloren und ist buchstäblich explodiert.«

Scholls Verhalten nach der Tat, seine erste Befragung im Wald, bei der er einer fremden Polizistin von den Frühblühern erzählte, die seine Frau ausgerissen hatte, sei typisch für Affekthandlungen, sagte sie. »Nach der Tat kommt es oft zu schwerer Erschütterung, Fassungslosigkeit und einem Zusammenbrechen des Täters bis hin zum Suizidversuch. Ein Täter ohne Bewusstseinsstörungen hätte sich nie so geäußert.« Auch dass die Tote mit Moos bedeckt war und der Täter versucht hatte, ein Sexualdelikt vorzutäuschen, schließe ein Handeln im Affekt nicht aus. Im Gegenteil. »So ein Verhalten spricht für ein kopfloses Wüten des Täters und nicht für ein berechnendes, kontrolliertes Handeln.«

Es sei nicht das erste Mal, dass sie vor einem Strafgericht auftrete, sagte Heide Sandkuhl noch zum Schluss, aber kein

Prozess der letzten Zeit habe ihr so deutlich vor Augen geführt, wie schwer es sei, Wahrheit zu rekonstruieren.

Der Anwalt des Nebenklägers begann sein Plädoyer mit den Worten: »Der Sohn des Angeklagten hat eines der schwersten Jahre seines Lebens hinter sich«, und endete mit: »Die Nebenklage plädiert auf Verurteilung wegen Totschlags. Die Freiheitsstrafe sollte zehn Jahre auf keinen Fall unterschreiten.« Frank schwieg. Erst in der Pause sagte er, es seien vor allem die kleinen Dinge gewesen, jene klassischen Freud'schen Fehler, die ihn von der Schuld seines Vaters überzeugt hätten. Dass er sein Auto schon in der Nacht nach dem Mord in die Garage stellte, wo sonst immer nur der Mercedes seiner Mutter stehen durfte. Dass er gleich wieder ins Schlafzimmer, aus dem sie ihn verbannt hatte, einzog. Dass er sich bei allen möglichen Nachbarn und Freunden nach seiner Frau erkundigte, statt immer mal zu Hause anzurufen. Kein einziger Anruf war am Nachmittag des 29. Dezember auf dem Festnetz des Hausanschlusses eingegangen. Für Frank war die Antwort klar. Sein Vater wusste, dass seine Frau nicht mehr nach Hause zurückkehren wird.

Zur Urteilsverkündung vier Tage später wurde der Einlass wieder auf den Hof verlegt wie am ersten Tag. Sie kamen alle noch einmal zusammen, der Sohn des Angeklagten, seine Cousine, die Kindheitsfreunde, Geschäftspartner, Brigitte Scholls Freundinnen, die Hauptkommissarin, Polizisten, Nachbarn, Ludwigsfelder, Gerichtsreporter aus dem ganzen Land. Es war ein warmer, sonniger Tag im Mai. Ein Zuschauer erschien mit Strohhut wie zu einem Pfingstkonzert.

In der Traube vor dem Gerichtssaal wurden die Strafmaße diskutiert. Mord, Totschlag, Freispruch. Die Mehrheit tendierte zu Totschlag, fast niemand rechnete mit Mord. Drei

Freunde von Heinrich Scholl waren gekommen, um ihn nach einem Freispruch am Hinterausgang abzuholen. Sein Kindheitsfreund Hans hatte in seinem Haus in der Uckermark ein Zimmer für ihn eingerichtet, selbst das Bett war schon bezogen. Sein Freund Dieter wollte ihn mit auf sein Schiff nach Indonesien nehmen, sobald es wieder fahrtüchtig wäre. Ein alter Geschäftsfreund mit guten Kontakten nach Amerika stand ebenfalls bereit.

Heinrich Scholl hatte sein Schweigen durchgehalten, sieben Monate lang zugehört, was andere über ihn, seine Frau und ihre Ehe zu sagen hatten. Erst nach den Plädoyers, als der Richter ihm das letzte Wort anbot, hatte er sich von seinem Stuhl erhoben. »Ich kann Ihnen nur noch einmal versichern, dass ich meine Frau und unseren Hund nicht umgebracht habe«, sagte er. »Ich habe versucht, in diesen fünfzehn Monaten Haft mit den wenigen Menschen und Mitteln, die mir zur Verfügung standen, meine Unschuld zu beweisen. Weil ich wusste, ich kann keine mich belastenden Zeugen finden. Danke.«

Seine Stimme war belegt, er sprach schnell, ohne Pause. Es war eine Unschuldsbeteuerung, keine Frage, aber sie war so umständlich formuliert, dass sie fast wie ein Schuldgeständnis klang.

Am Tag der Urteilsverkündung trug Heinrich Scholl einen grauen Nadelstreifenanzug und das Polohemd vom ersten Verhandlungstag. In der Hand hielt er ein gelbes Heft. Er legte es vor sich auf den Tisch.

Das Gericht betrat den Saal, ein letztes Mal. Die Zuschauer erhoben sich von den Stühlen. »Im Namen des Volkes«, sagte der Vorsitzende Richter, »der Angeklagte Heinrich Scholl wird wegen Mordes in Tateinheit mit der Tötung eines

Wirbeltieres ohne vernünftigen Grund zu lebenslanger Freiheitsstrafe verurteilt. Er hat die Kosten des Verfahrens und die notwendigen Auslagen des Nebenklägers zu tragen.«

Heinrich Scholl schwankte vor und zurück, für einen Moment sah es so aus, als falle er um. Das Urteil war gesprochen, der Prozess vorbei.

Fast vorbei.

Viereinhalb Stunden dauerte die Urteilsbegründung. Der Richter holte weit aus, schilderte das Leben von Heinrich Scholl, beschrieb seine Ehe, das angespannte Verhältnis zwischen den Partnern, Brigitte Scholls mangelnde Bereitschaft, sich zu ändern, die Zeit in Berlin, Heinrich Scholls krankhafte Eifersucht, die Versuche, seine Geliebte zurückzubekommen, die überstürzte Rückkehr zu seiner Frau. Für den Richter bereits Teil eines Planes. »Er trug sich mit dem Gedanken, seine Frau zu töten.«

Es folgte eine Abhandlung über Scholls Verhalten vor, während und nach der Tat, leise und emotionslos vorgetragen. Nur manchmal, wenn es um die Argumente der Verteidigung ging, rief der Richter: »So ein Quatsch!« Er warf Scholl und seinen Anwälten vor, mit der Anzeige in der Wochenzeitung Zeugen beeinflusst zu haben. »Der Angeklagte hoffte, dass sich Personen melden würden, die ihn am 29. Dezember bis zwölf Uhr im Bereich der Therme gesehen hatten und nun irrtümlich angeben würden, ihre Beobachtung erst in der Zeit von 12 bis 13.10 Uhr gemacht zu haben.«

Am meisten erregten ihn die Vorwürfe, die Polizei habe sich zu schnell auf Scholl als Täter festgelegt. Es sei doch kein Wunder, dass Zeugen in diesem Prozess etwas anderes sagten als bei der Polizei. »Sie waren besorgt, den Herrn Scholl zu belasten, keiner konnte sich ja vorstellen, dass er seine Frau getötet hat, er war ja der ehemalige honorige Bürgermeister von Ludwigsfelde. Man lernt hier im Gerichtssaal oft Seiten eines Menschen kennen, die niemand zuvor für möglich gehalten hat.«

Scholls Verteidiger verließ den Saal, eine Zuschauerin packte ihre Stullen aus. Am Ende winkte der Richter müde ab und schloss die Verhandlung. Heinrich Scholl saß zusammengesunken vor seinem Heft.

Er hatte nichts hineingeschrieben.

Lebenslänglich

Die Fahrt zu Heinrich Scholl ist wie eine Reise ans Ende der Welt. Man durchquert verlassene Dörfer, bis man eine dieser dünnbesiedelten brandenburgischen Städte erreicht, aus denen die Jungen abwandern, weil sie hier keine Arbeit finden. Über breite Magistralen fährt man an Neubaugebieten und Industrieruinen vorbei, und irgendwann, wenn man die Stadt schon fast wieder verlassen hat, biegt man in eine Seitenstraße, stellt das Auto auf einen großen Parkplatz, läuft an der Endhaltestelle einer Straßenbahn, einem verlassenen DDR-Klubhaus und einem Panzer der Sowjetarmee vorbei, bis man eine Betonfestung erreicht, die von hohen Mauern und Stacheldraht umgeben ist.

Das Gefängnis in Brandenburg an der Havel wurde in den dreißiger Jahren gebaut, etwa zu der Zeit, als in Ludwigsfelde das Rüstungswerk entstand, in dem Heinrich Scholls Vater Arbeit fand. Hier wurden Menschen eingesperrt, die sich gegen die Nazis wehrten. Kommunisten, Sozialdemokraten, kritische Wissenschaftler und Künstler. Robert Havemann, Ernst Busch und Erich Honecker zählten zu den

Gefangenen. Honecker war acht Jahre hier, bevor er von der Roten Armee befreit wurde und in seinem nächsten Leben selbst zum Diktator wurde. Heute ist Horst Mahler der prominenteste Häftling. Ein ehemaliger RAF-Mitbegründer und extremer Linker, der in den vergangenen Jahren zu einem der gefährlichsten Rechtsextremisten und Holocaustleugner des Landes wurde.

Geschichte ist kompliziert. Leben sind kompliziert. Das Gefängnis erinnert daran. Es ist ein Denkmal, ein unfreiwilliges.

Heinrich Scholl sitzt ganz hinten in der Ecke im Besucherraum, das Gesicht zur Wand, vor sich auf dem Tisch zwei Plastikflaschen, Cola und Apfelschorle, sowie eine Tafel Ritter Sport, die noch vom vorherigen Besuch übrig geblieben ist. Dieter Fahle war gerade da, der Freund, dessen Boot im Indischen Ozean ankert. Außerdem sollte eine Bekannte aus Berlin kommen. Aber die hat es sich offenbar anders überlegt. »Es kommen nicht mehr viele«, sagt Heinrich Scholl.

Es ist ein Tag Ende Mai, zwei Wochen nachdem er verurteilt wurde. Seine Anwälte sind sofort in Revision gegangen. Seine Stimmung hebt das nicht. Heinrich Scholl fühlt sich im Stich gelassen. Seine Kindheitsfreunde halten noch zu ihm. Von seinen einflussreichen Freunden aus der Politikerzeit meldet sich niemand mehr. Als er der Vorzeigebürgermeister aus dem Osten war, haben sie sich gerne mit ihm gezeigt. Nun, da er in der Klemme sitzt, lassen sie ihn fallen. Wenige Tage nach dem Urteil kam ein Brief von der SPD, ohne Anrede, nur mit Betreffzeile: »Sofortmaßnahme gegen Heinrich Scholl.« Der Vorstand seiner Partei teilte ihm mit, dass ein Parteiordnungsverfahren eingeleitet worden sei, da es zu einer »schweren Beeinträchtigung der politischen Stellung der

Partei und ihrer Glaubwürdigkeit« gekommen sei. »Schnelles Eingreifen« sei erforderlich. Daran ändere auch nichts, dass sich Heinrich Scholl in den vergangenen Jahren in vielfacher Weise in der und für die Partei engagiert habe.

Die Partei, die er in Brandenburg selbst einmal mit gegründet hatte, schämte sich für ihn. Das traf ihn fast genauso wie das Urteil des Richters. Erst vor zwei Tagen konnte sich Heinrich Scholl zu einer Stellungnahme aufraffen. »Sehr geehrte Damen und Herren«, schrieb er, »obwohl ich noch nicht rechtskräftig verurteilt bin, möchte ich weiteren Schaden für die Partei vermeiden und kündige hiermit meine Mitgliedschaft in der SPD mit sofortiger Wirkung. Ich möchte mich für die Schande, die ich der SPD zugefügt habe, entschuldigen.«

Es war ironisch gemeint, aber nachdem er den Brief abgeschickt hatte, merkte er, dass es sich eher wie ein Schuldeingeständnis anhörte. Ironie ist im Moment nicht Heinrich Scholls Stärke.

Ein Jahr und vier Monate ist es her, dass er verhaftet wurde. Seitdem sitzt er im Untersuchungsgefängnis und schwankt zwischen Verzweiflung, Selbstmitleid und Kampfgeist. Er wisse nicht, wie das alles passieren konnte, er habe doch nichts getan, sagt er. Zweimal habe er sich schon fast was angetan. Erst hier im Gefängnis sei er zu sich gekommen und habe begriffen, was er alles verloren habe, nicht nur seine Frau, sondern auch den Sohn, die ganze Familie. Aber dann, fast im selben Atemzug, erzählt er von seinem alten aufregenden Leben. Oder berichtet von der Revision, die seine Anwälte vorbereiten. Er lacht, er weint, in einem Moment ist er verbittert wie ein alter Mann und im nächsten übermütig wie ein Junge.

Oft redet er über seinen Sohn. Lange vor Prozessbeginn

hat ihn Frank das letzte Mal im Gefängnis besucht. Er schreibt ihm auch nicht mehr oder ruft an. Ihre Anwälte verhandeln über den Hausverkauf in Ludwigsfelde. Bei dem Gedanken an sein Haus schießen Heinrich Scholl die Tränen in die Augen. Das schöne Haus, sein Garten, seine Kamine. Alles verloren.

Früher hätten sie so eine gute Beziehung gehabt, sagt er. Nie habe er Frank als Adoptivsohn bezeichnet, immer habe er sich um ihn gekümmert. So viel habe Frank ihm zu verdanken. Heinrich Scholl schüttelt den Kopf, verständnislos, enttäuscht, und zählt all die Vorwürfe auf, die Frank ihm vor Gericht gemacht hat. Er kommentiert sie, korrigiert sie, kritisiert sie. Dass er und seine Anwälte Frank keine Unterlagen gezeigt haben zum Beispiel – stimmt gar nicht. »Ich habe es geschafft, die Anklageschrift hier mit in den Besucherraum zu bringen, damit er sie lesen kann. Fragen Sie nicht, wie ich das gemacht habe. Aber Frank hat sich gar nicht dafür interessiert, er wollte nicht mal reingucken.«

Oder die Szene im Wald am Neujahrstag, als er aus dem Auto stieg, sich bückte und sein Sohn dachte, er verstecke Beweismittel: Eine Maus war das! Er hatte eine Maus gesehen! Eine tote Maus! Vor Gericht hat Heinrich Scholl geschwiegen. Jetzt sprudelt es nur so aus ihm heraus, all die Ungerechtigkeiten und Verletzungen, die er sich schweigend anhören musste. Heinrich Scholl starrt auf seine Hände. Wenn ihn etwas besonders ärgert, schlägt er auf die Tischplatte. Die Polizei war voreingenommen, bumm, der Richter hat ihn weggesperrt, bumm, bumm, Zeugen haben Dinge behauptet, die nicht stimmen. Bumm, bumm, bumm.

Dass seine Frau alleine im Grab liegen wollte, habe er verstanden, aber dass er davon erst nach ihrem Tod erfuhr, habe ihn sehr verletzt. »Niemand hat mir etwas davon gesagt. Wenn ich das gewusst hätte, wäre ich gar nicht zurückgezogen. Ich dachte, Gitti wollte, dass ich wieder nach Hause komme. So wie ich es wollte. Ich habe in Berlin mein Leben gelebt, aber am Wochenende hat es mich immer richtig nach Hause gezogen.«

Wenn man Heinrich Scholl eine Weile zuhört, hat man den Eindruck, die ganze Welt habe sich gegen ihn verschworen, nicht zuletzt seine tote Frau. Nach ihrem Tod hat er ihren Schrank aufgeräumt und darin ein Sex-Spielzeug gefunden. Er senkt die Stimme. »Warum sollte ich meiner Frau ein Kondom und eine Viagratablette in die Tasche stecken?«

Wer war es dann?

Er zuckt mit den Schultern und sagt, er wolle niemanden beschuldigen, wenn er nicht sicher sei. »Ich weiß, wie es ist, unschuldig verurteilt zu werden.«

Was sagt er zur Selbstmordtheorie seines Freundes Dieter?

Heinrich Scholl setzt sich auf und bricht die Rittersportschokolade auf. »Da habe ich ein paar Zweifel«, sagt er so sachverständig, als sitze er wieder in seinem Bürgermeisterbüro. »Es muss ja dann jemand für sie gemacht haben. Man kann sich ja nicht selbst strangulieren, und sie hat ja auch zwei Schläge ins Gesicht bekommen. Wobei ich gerne mal gelesen hätte, ob sie irgendwas in sich hatte, irgendein Mittel, ein Gift, bevor sie stranguliert wurde, oder vielleicht sogar schon tot war. Es muss ja auch ein Kampf stattgefunden haben, und der muss ja nicht dort stattgefunden haben, wo sie gefunden wurde. Weil man ja liest, dass Schleifspuren da waren oder dass zumindest danach gesucht wurde. Wer geht denn schon so tief in den Wald hinein?«

Es ist ein seltsamer Moment, man weiß nicht, was man sagen soll. Redet da ein eiskalter Mörder und Lügner, ein Verrückter oder ein Opfer der Justiz? Heinrich Scholl ist auch als Unschuldiger sehr überzeugend.

»Ich habe ihr ja nie weh getan, also nicht bewusst«, sagt er. Seine Wohnung in Berlin, seine Affären nennt er »meine Einzelgängersache«. »So was passiert doch hundertmal in einem Leben. Wenn ich ihr hätte weh tun wollen, wäre ich mal ausgerastet. Bin ich aber nicht. Ich habe diese Frau geachtet, mein ganzes Leben lang. Wir waren eine funktionierende Familie. Wir haben uns nicht gestritten.«

Man kann einen Mord verdrängen, sagen Psychologen, genau wie man andere schreckliche Dinge, die einem im Leben passieren, verdrängen kann. Andererseits muss man sich immer wieder genau daran erinnern, was man getan hat, um keinen Fehler zu machen, nichts Falsches zu sagen, sich nicht zu verraten.

Der psychiatrische Gutachter Alexander Böhle hatte im Prozess davon berichtet, wie es Heinrich Scholl gelang, Probleme zu bagatellisieren, wenn er keinen anderen Ausweg sah: die Kälte seiner Mutter in seiner Kindheit, die Ohnmacht gegenüber seiner Frau. Verdrängung war immer Teil seiner Überlebensstrategie. Worüber man auch mit ihm spricht, die Beziehung zu seinem Sohn, seine Zeit im Zirkus, seine Karriere als Bürgermeister, am Ende hat man den Eindruck, ihm ist immer alles gelungen. Geradezu unheimlich klingt es, wenn er auf einmal seine Ehe lobt. Oder Ursus, den Hund. Er erzählt, dass er ihn vermisst, obwohl Zeugen vor Gericht ausgesagt haben, dass Heinrich Scholl den Hund seiner Frau nie mochte. Auch Nantana Piamsuk lobt er in den höchsten Tönen, als wisse er nicht mehr, wie sie ihn ausgenutzt und an den Rand des Wahnsinns getrieben hat.

Scholl redet sich sein Leben schön. Er schminkt seine momentane Lebenslage wie ein Heiratsschwindler. Auf die Briefe aus der Haft schreibt er als Absender nur seinen Namen, die Straße und die Stadt: Heinrich Scholl, Brandenburg an der Havel, Anton-Saefkow-Allee 22. Als wäre das seine Privatadresse und keine Haftanstalt mit vergitterten Fenstern.

Er liest Bücher über Unrechtsurteile der deutschen Justiz. Er sieht Fernsehsendungen über Menschen, die unschuldig im Gefängnis sitzen, und beschäftigt sich mit der sogenannten »Ring-Theorie«, nach der Richter in Indizienprozessen ihre Beweisführung ableiten. Franz Kafkas *Der Prozess* lässt ihm keine Ruhe. Die groteske Erzählung über einen jungen Bankangestellten, der eines Morgens aus heiterem Himmel verhaftet wird und bis zu seiner Hinrichtung nicht erfährt, was ihm eigentlich vorgeworfen wird, erinnert ihn an sein eigenes Schicksal.

»Kennen Sie Dürrenmatt?«, fragt er. *Justitz?* Eine Erzählung über einen Mörder, dem es gelingt, den modernen Justizapparat an der Nase herumzuführen.

Der Justizapparat! Heinrich Scholl sagt: »Ich bin davon ausgegangen, dass ich freikomme, dass durch den Verlauf des Prozesses meine Unschuld zu beweisen wäre. Ich habe überhaupt nicht damit gerechnet, verurteilt zu werden, weil ich es wirklich nicht war. Vielleicht werde ich ja eines Tages dem Mörder meiner Frau die Hand schütteln.«

In einem Brief schreibt er, er müsse langsam aufhören, diese Literatur zu lesen, sonst schwinde seine Hoffnung auf eine positive Entscheidung bei der Revision immer mehr. Allen, denen er schreibt, versichert er, dass er unschuldig ist. Seinen Kindheitsfreunden, seinem ehemaligen Stellvertreter im Rathaus, dem Kollegen aus Paderborn. »Ich habe mit dem Mord an Gitti nichts zu tun«, schreibt er. Oder: »Lasst euch versichern, dass ich Gitti und unseren Hund nicht umgebracht habe.«

Die meisten glauben ihm. Sie halten Heinrich Scholl für viel zu schlau für einen so dilettantischen Mord. Oder können sich einfach nicht vorstellen, dass er in der Lage ist, einen Menschen umzubringen. Dieter Fahle ist immer noch davon überzeugt, dass Gitti selbst irgendwie die Fäden gezogen hat, und würde am liebsten vor den Europäischen Gerichtshof ziehen, um das Urteil anzufechten.

Heinrich Scholl wird bei jedem Besuch im Gefängnis kämpferischer. Die Revisionsschrift ist fertig und so dick wie ein Buch. Die ersten hundert Seiten beschäftigen sich mit den Fehlern des Sachverständigen bei der Auswertung der DNA-Proben und all den abgelehnten Anträgen, die seine Verteidiger dazu stellten. Danach werden die Zeugenaussagen auseinandergenommen, aus denen das Gericht seine Indizienkette gebastelt hat. Allein elf Zeugen wurden in der Urteilsbegründung Irrtümer unterstellt, um die Kette schlüssig miteinander zu verbinden, hat die Verteidigung gezählt.

Im letzten Drittel, auf Seite 205, wird es spannend. Es geht um einen Brief, der vor Gericht nicht zur Sprache kam, obwohl er dem Fall noch einmal eine völlig neue Wendung geben könnte. Der Brief ist anonym, wie die Briefe, in denen Brigitte Scholl mitgeteilt wurde, dass ihr Mann sie betrügt. Aber diesmal wird nicht ihm eine Affäre unterstellt, sondern ihr. Brigitte Scholl habe ein langjähriges Verhältnis mit dem Mann einer ihrer Freundinnen gehabt. Niemand habe davon gewusst, auch nicht die Freundin, heißt es in dem Brief. »Gitti wollte reinen Tisch machen 2011, und das wurde ihr zum Verhängnis.«

Mit anderen Worten: Ihr Liebhaber soll der Mörder gewesen sein.

Im Mai 2012 war der Brief an Heinrich Scholls Verteidigerin geschickt worden. Im Juni hatte sie ihn zu den Gerichtsakten gegeben, wo ihn Scholls Sohn und sein Anwalt fanden. Sie verglichen die Handschrift mit den Beileidsbekundungen und identifizierten die Briefeschreiberin schnell. Frank kannte sie aus seiner Kindheit. Ihre Mutter zählte zu Brigitte Scholls Kundinnen. Es war nicht klar, woher diese Frau so gut über Brigitte Scholls Liebesleben Bescheid wissen konnte, aber der Sohn und sein Anwalt wollten es dem Gericht überlassen, das herauszufinden, und gaben die Schriftprobe zu den Akten. Dort blieb sie. Niemand kümmerte sich darum, niemand hielt es für nötig, die Verteidigung zu unterrichten. Dass die Verfasserin bekannt war, erfuhren Scholls Anwälte erst nach der Urteilsverkündung.

Heinrich Scholl kennt die Frau, die den Brief geschrieben hat. Sie und ihre Mutter kamen in den achtziger Jahren manchmal mit an die FKK-Badestelle und zu Kaminabenden im Haus der Scholls. Er hat sie lange nicht gesehen.

Woher kann sie wissen, dass Brigitte Scholl, die nie etwas von sich preisgab, eine Affäre hatte?

Heinrich Scholl zuckt mit den Schultern.

Auch den vermeintlichen Liebhaber seiner Frau kennt er. Der hat ihn nach der Verhaftung im Untersuchungsgefängnis besucht. Das ist anderthalb Jahre her. Der Mann weiß inzwischen von den Vorwürfen. Wenn man ihn danach fragt, sagt er, da sei nichts dran. Seine Frau sitzt daneben, fassungslos. Erst wurde ihre Freundin ermordet, dann deren Mann festgenommen, und nun soll auch noch ihr eigener Mann etwas damit zu tun haben. Die beiden vermuten, dass jemand den Brief in Auftrag gegeben hat. Sie fühlen sich von Heinrich Scholl ausgenutzt. Im Gefängnis besucht haben sie ihn schon lange nicht mehr.

Die mysteriöse Briefeschreiberin wohnt nicht mehr in Ludwigsfelde. Keine von Brigitte Scholls Freundinnen weiß, wer sie ist, niemand kann sich an sie oder ihre Mutter erinnern. Es gibt nur ihr anonymes Schreiben und den Kondolenzbrief an Frank. Sie hat ihm eine Telefonnummer mitgeschickt, aber wann immer man diese Nummer wählt, klingelt es nur in der Leitung. Niemand antwortet. Vielleicht weiß sie, dass sie identifiziert wurde und ihr Brief bei einer Revision eine wichtige Rolle spielen könnte. Falls es eine Revision gibt. Sehr wahrscheinlich ist das nicht. Bei Revisionen wird in der Regel nicht über den Sachverhalt, sondern nur darüber geurteilt, ob während des Prozesses formale Fehler gemacht wurden. Überhaupt sind die Chancen, dass der Bundesgerichtshof entscheidet, den Prozess noch einmal neu aufrollen zu lassen, nicht besonders groß. Im Jahr 2013 waren nur acht Prozent aller Revisionen erfolgreich, 2012 waren es neun.

Heinrich Scholl wird an einem Tag im Februar 2014 aus den 12.30-Uhr-Nachrichten erfahren, dass seine Revision verworfen wurde. Ohne Begründung. Das Urteil ist rechtskräftig. Dem Gesetz nach ist Heinrich Scholl jetzt ein Mörder und muss den Rest seines Lebens hinter Gittern verbringen. Seine Anwälte aber geben noch nicht auf. Sie haben Verfassungsbeschwerde eingereicht. Sie möchten wissen, wie die Entscheidung des Bundesgerichtshofes zustande gekommen ist, wie es sein kann, dass all ihre Zweifel mit einem einzigen Satz vom Tisch gefegt wurden. Sie suchen weiter nach der Verfasserin des anonymen Briefes und werden, falls es neue

Beweise für die Unschuld ihres Mandaten geben sollte, ein Wiederaufnahmeverfahren beantragen.

Als es Herbst wird in Brandenburg, ahnt er davon noch nichts. Heinrich Scholl ist in das Haftleben eingesickert. Der Erste, den er im Untersuchungsgefängnis kennengelernt hatte, war Axel Hilpert, ein Mann im gleichen Alter wie er und auch eine Brandenburger Legende, gewissermaßen. Zu DDR-Zeiten war Hilpert Stasi-IM und Chefeinkäufer von Antiquitäten, nach der Wende sattelte er zum Immobilienhändler um. Gemeinsam mit Jochen Wolf – jenem Minister, der später einen Auftragskiller bestellte, um seine Frau umbringen zu lassen – war er in ein dubioses Baugeschäft verwickelt. Jetzt war Hilpert wegen schweren Betrugs, Untreue und Steuerhinterziehung im Zusammenhang mit dem Bau einer Luxus-Hotelanlage zu einer Freiheitsstrafe von fünf Jahren und acht Monaten verurteilt worden. Hilperts Anwälte legten gegen das Urteil Revision ein.

Axel Hilperts Zelle befand sich schräg gegenüber von Scholls in einem der frisch sanierten Gebäude der Haftanstalt. Die Gänge sind breit dort, die Küche gefliest, die Türen haben keine Gitter. Hilpert zeigte Scholl, wo die Küche war, wo man die Wäsche wechseln konnte. Er kannte sich aus, er fing ihn auf, er war einer, mit dem Scholl reden und sich beraten konnte. Hilpert stellte ihm den Chef der Gefangenenzeitung vor und unterstützte Scholl bei seiner Idee, die Anzeige in der Wochenzeitung aufzugeben.

Die anderen Zellennachbarn waren wesentlich jünger als Scholl und Hilpert, und kräftiger waren sie auch. Es handelte sich um Mitglieder der Rockergruppe Hells Angels, Muskelpakete mit Stiernacken, kahlgeschorenen Schädeln und Tätowierungen am ganzen Körper. Sie machten ihre Witze über den dicken Hilpert und den kleinen Scholl und trieben ihre Spielchen mit ihnen.

Heinrich Scholl kann es kaum erwarten zu erzählen, dass sie ihm Salz in den Kaffee schütteten und er die Tasse ohne mit der Wimper zu zucken ausgetrunken hat. Als Bullet, der eigentlich Steffen heißt, zu ihm sagte: »Ey, Scholl, du wischst jetzt mal meine Zelle«, forderte er ihn auf, doch erst mal zu fegen.

Scholl lacht. Er kann sich durchsetzen, auch heute noch. Das will er mit diesen Geschichten beweisen. Er ist eine Führungspersönlichkeit, auch hier im Knast.

Neulich hat er Kay, auch einer von den Hells Angels, auf dem Hof um eine Zigarette gebeten und damit einen Streit über die Schädlichkeit des Rauchens ausgelöst, der damit endete, dass Kay auf das Regenwasser im Aschenbecher zeigte und sagte, andere tränken so was aus. Bullet fragte Kay, ob er Scholl denn eine Zigarette spendiere, wenn der die Brühe trinken würde.

»Nicht nur eine, 'ne ganze Stange«, erwiderte Kay. Er wusste ja nicht, dass sein Mitgefangener einst einer Maus den Kopf abgebissen und die höchsten Gipfel der Welt bestiegen hatte.

Heinrich Scholl setzte den Aschenbecher an.

Axel Hilpert wurde im Juni aus gesundheitlichen Gründen gegen eine Kautionszahlung aus der Untersuchungshaft entlassen. Heinrich Scholl und die Rocker blieben. Sie wurden vom selben Richter, den auch Heinrich Scholl hatte, zu mehreren Jahren Gefängnisstrafe verurteilt und gingen genau wie er in Revision. Das verbindet. Sie nennen ihn »Scholli«. Er nennt sie »meine Jungs«.

»Ey, Scholli, is 'n los?«, ruft Bullet über die Tische, als der Wärter mal kurz den Besucherraum verlassen hat.

»Alles klar, Bullet«, antwortet Heinrich Scholl.

Sie kochen zusammen, spielen Skat, gehen alle zwei Wochen zum Gottesdienst. Heinrich Scholl mag die Ruhe dort und die Gespräche mit dem Pfarrer. Die Rocker kommen vor allem mit, weil es anschließend noch Kekse und Kaffee gibt. Kostenlos. Er stemmt mit ihnen Gewichte, und bis vor kurzem haben sie sogar zusammen Fußball gespielt. Heinrich Scholl ist ein guter Fußballspieler, aber die Kerle aus Brandenburg rennen ihn über den Haufen, ohne es überhaupt zu merken. Jetzt joggt er lieber um den Hof, alleine.

Nach ein paar Monaten mussten sie aus dem neuen Trakt in den alten umziehen. »Schreckliche Zustände«, sagt Heinrich Scholl, »wie in Sing-Sing.« Mit der Zahnbürste hat er das Klo geputzt, so dreckig war es. Im Sommer waren es vierzig bis fünfzig Grad in seiner Zelle. Manchmal dachte er, er halte das alles nicht mehr aus. Die langen Flure, die so eng sind, dass man nicht mal aneinander vorbeilaufen kann, das Klappern der Schlüssel am Hosenbund der Wärter, das Aufschließen der Zelle jeden Morgen um halb sechs, wenn kontrolliert wird, ob er noch am Leben ist. Als er im Haftkrankenhaus operiert werden musste, hoffte er, dass er nicht mehr aus der Narkose erwacht, einfach einschläft und alle Sorgen los ist. »Zweimal hätte es fast geklappt«, sagt Heinrich Scholl, »zweimal war ich schon auf dem Weg, das helle Licht zu sehen.« Aber »so was« mache er jetzt nicht mehr. Seine Anwälte haben ihm gesagt, ein Selbstmord käme einem Geständnis gleich. Das hat ihm seinen Lebensmut zurückgebracht. Ein Schuldeingeständnis wird es von ihm nicht geben, niemals.

Ein Vormittag Ende Oktober, elf Uhr. Scholl trägt eine alte Jeans und einen ausgewaschenen Pullover, seine Arbeitskleidung. Seine erste Schicht und sein Mittagessen hat er bereits hinter sich. Im Sommer hat er sich um die Blumen auf dem Gefängnishof gekümmert, jetzt ist er Redakteur der Gefangenenzeitung und schreibt kämpferische Artikel, in denen er das schlechte Essen und das teure Warenangebot im Gefängnis anprangert und sich für die Rechte der Gefangenen einsetzt. Auch Kurzgeschichten schreibt er und Abhandlungen über das Justizsystem in Deutschland. In manchen Ausgaben hat er drei Artikel. Sein Chefredakteur – ein Graphikdesigner, der wegen Mordes an einer Thailänderin sitzt – ist begeistert von dem neuen motivierten Mitarbeiter. Heinrich Scholls Freunde witzeln, dass er sicher bald die Anstaltsleitung übernehmen werde.

Mit den Hells Angels versteht er sich immer besser, vor allem mit Bullet, dem mit den meisten Tattoos, den dicksten Muskeln und einer Stimme, so rau wie Sandpapier. Wenn Heinrich Scholl über ihn spricht, wird sein Tonfall liebevoll, fast zärtlich. Er erzählt von Bullets schwerer Kindheit: Die Mutter wollte ihn nicht, er kam ins Heim, später zu Adoptiveltern, der Vater hat ihn geschlagen. Bullet wurde in erster Instanz verurteilt, einen anderen Rocker brutal zusammengeschlagen zu haben, aber Heinrich Scholl glaubt ihm, wenn er versichert, dass er das nicht war. Er staunt darüber, dass Bullet so ein guter Junge geworden ist. Bei der Kindheit! Heinrich Scholl weiß ja, wovon er spricht.

Bullet ist wie ein Sohn für ihn, jetzt, da er den anderen verloren hat. Scholls Anwälte haben in den Akten einen Brief gefunden, in dem Frank dem Gericht eine hervorragende Arbeit attestiert und sich bei allen Beteiligten bedankt. Heinrich Scholl legt den Brief seines Sohnes auf den kleinen Tisch im Besucherraum und presst die Lippen zusammen.

Seine Geliebte ist vor ihm geflohen, seine Frau ist tot, sein Sohn hat sich von ihm abgewendet. Heinrich Scholl ist am Ende seines Lebens wieder genauso allein wie am Anfang.

Ohne Bullet und seine Freunde hätte er im Gefängnis kaum überlebt. Sie sind seine neue Familie geworden. Sie beschützen ihn vor den anderen Häftlingen. Sie kochen für ihn. Er hilft ihnen bei Amtsschreiben. Wenn Bullet seinen schweren Arm um ihn legt und sagt: »Ey, Scholli, kannste dir mal den Brief durchlesen«, ist sein Tag gerettet. Er hilft gerne, hat er ja immer, sagt er. Seine Augen werden feucht, er dreht den Kopf zur Seite. Als er sich gefasst hat, sagt er: »Mir ist jetzt hier klargeworden, dass ich in meinem Leben eigentlich keine wesentlichen Fehler gemacht habe, dass ich nur Gutes getan habe. Auch die Liebe, die ich mir gekauft habe. Das ist doch viel besser, als ein Verhältnis mit einer Frau einzugehen und ihr Hoffnung zu machen. Ich habe mir überhaupt nichts vorzuwerfen. Ich will mir nicht einreden, dass ich irgendwas hätte besser machen können. Ich habe Nachkommen gezeugt, Bäume gepflanzt, ein Buch geschrieben, war auf den höchsten Gipfeln der Welt. Die wesentlichen Dinge habe ich schon gemacht in meinem Leben. Ich will es bloß nicht hier zu Ende bringen.«

Er hat im Gefängnis wieder mit dem Malen begonnen. Ein Bild hat er mit in den Besucherraum gebracht. Ein See vor einer untergehenden Sonne, im Hintergrund sind Berge zu sehen, im Vordergrund ein Baum und eine Bank, auf der ein Paar sitzt. Das Motiv ist nicht von ihm, er hat es von einer Postkarte abgemalt, wie früher, als er noch ein Junge war und nach der Schule für seine Mutter Geld verdienen musste.

Es sieht so aus, als fange Heinrich Scholl noch einmal von vorne an.

Das Klassentreffen

Als Brigitte Scholl im Sommer des Jahres 2011 ihr Klassentreffen vorbereitete, stand für sie fest, dass es das letzte sein würde. Kurz nach dem Mauerfall hatte sie sich das erste Mal mit ihren Mitschülern aus der Ludwigsfelder Oberschule getroffen. Da war sie gerade fünfzig geworden. Jetzt, zwanzig Jahre später, näherte sie sich der siebzig, und allein die Zahl war Grund genug für Brigitte Scholl, zu beschließen, dass es ein nächstes Klassentreffen nicht geben werde. Siebzig verband sie mit alten Leuten, die über nichts anderes als Krankheiten reden, ein Alptraum für die Frau, die einst die Klassenschönste war. Sie wollte, dass ihre Mitschüler sie in guter Erinnerung behielten.

Siegfried Schmidt, der bei der Vorbereitung half, sah das ein wenig anders. Er hätte die Klassentreffen gerne noch länger weitergeführt. Aber mit Brigitte Scholl war nicht zu reden. Sie war die selbsternannte Cheforganisatorin, sie bestimmte, wo es langging, legte Termine fest, lud ehemalige Lehrer ein, stellte das Programm zusammen. Abendessen im Restaurant war ihr nicht genug. Es musste immer noch etwas

Besonderes sein – Besuch der alten Schule, Stadtrundfahrt durch Ludwigsfelde, Führung durchs Mercedes-Werk, und ihr Mann war auch meist mit dabei.

Heinrich Scholl stand neben seiner Frau am Treffpunkt, obwohl er gar nicht zu ihrer Klasse gehörte. Er war Ehrengast und Stadtführer zugleich. Beim vorletzten Mal, 2009, stand ein Rundgang durch die neue FKK-Kristalltherme auf dem Programm. Heinrich Scholl teilte weiße Plastikschuhe aus, die sich Brigitte Scholls Mitschüler über die Schuhe streiften. Dann liefen sie über die Empore und taten so, als würden sie die splitternackten Badegäste am Beckenrand nicht sehen.

Beim letzten Klassentreffen im Oktober 2011 war Heinrich Scholl nicht dabei. Eigentlich sollte er Gittis Klasse diesmal durchs Heimatmuseum führen, aber sie hatte ihren Plan ohne Erklärung wieder verworfen und eine Mitarbeiterin aus dem Rathausarchiv gebeten, die Führung zu übernehmen. Heinrich Scholl bekam von seiner Frau den Auftrag, dem Mann ihrer Freundin Inge Ludwigsfelde zu zeigen, war aber stattdessen mit ihm nach Berlin gefahren, um seine Wohnung vorzuführen und den Damenslip im Bad.

Keine guten Voraussetzungen für ein entspanntes letztes Klassentreffen, könnte man meinen, aber das Gegenteil war der Fall: Es wurde das beste von allen. Brigitte Scholl saß zwischen ihren alten Mitschülern. Sie lachte mit den Frauen, flirtete mit den Männern, wie damals, als sie fünfzehn war und ein Mädchen mit Petticoat und Pferdeschwanz. Auf der Straße nahm sie ihre Freundin Inge an der Hand und tanzte mit ihr über den Bürgersteig. Sie wirkte so unbeschwert wie lange nicht mehr. Vielleicht spürte sie an diesem Abend mit ihrer alten Schulklasse das erste Mal, dass sie es auch alleine schaffen würde. Das Leben ging weiter.

Am nächsten Morgen rief sie Siegfried Schmidt an und sagte, sie habe es sich anders überlegt. Es werde doch noch ein nächstes Klassentreffen geben, in zwei Jahren spätestens. Am besten, sie würden gleich mit der Organisation anfangen. Siegfried Schmidt wunderte sich über Brigitte Scholls Stimmungswechsel, vor allem aber über ihren Elan. Fast jeden Tag rief sie bei ihm an, um Einzelheiten zu besprechen. Sogar den Tag, die Uhrzeit und den Ort legte sie fest: 17. Oktober 2013 um 16 Uhr im Restaurant »Alter Krug«.

Am 21. Dezember 2011 telefonierten sie das letzte Mal miteinander. Siegfried Schmidt bedankte sich für die Flasche Wein und die Grußkarte, die ihm Brigitte Scholl an die Tür gehängt hatte. »Lieber Siegfried«, stand darauf, »vielen Dank im Namen aller Mitschüler für die Mühe, die du dir anlässlich des Klassentreffens für uns gemacht hast. Frohe Weihnachten, Gitti.«

Siegfried Schmidt hat die Karte aufgehoben. Für ihn ist sie mehr als nur ein Weihnachtsgruß. Die Karte ist ein Auftrag.

Es ist der 17. Oktober des Jahres 2013, Punkt 16 Uhr, ein klarer, sonniger Herbsttag. Vor den Holzhäusern in der Rathenau-Straße blühen Astern. Im Wald von Ludwigsfelde sind Scharen von Pilzsammlern unterwegs. Siegfried Schmidt steht am Kopf einer langen Tafel, an der seine Mitschüler sitzen, und eröffnet das siebte Klassentreffen der Jahrgangsstufe 1951. Alle sind gekommen, auch wenn es ein wenig Verwirrung um die Anfangszeit gab. Siegfried Schmidt hatte »15 Uhr« auf die Einladungen geschrieben, aber dann, nachdem er sie verschickt hatte, fand er den Zettel wieder, auf dem er Gittis Eckpunkte fürs Klassentreffen notiert hatte. »Beginn: 16 Uhr« stand dort. Klar und deutlich. Er hat die

Einladungen geändert und neu verschickt. Eine Tote führte Regie.

Es war, als spielte das Ehepaar Scholl seine Rollen immer noch weiter. Heinrich Scholl machte wieder Karriere, diesmal im Gefängnis. Brigitte Scholl hatte alles unter Kontrolle.

Eine Führung gab es nicht, dafür einen Besuch auf dem Waldfriedhof. Brigitte Scholls Klasse legte ein Gesteck auf ihrem Grab nieder. Ein Blumenkissen aus Moos mit einer Schleife, auf der stand: »Wir denken an Dich. Deine Klassenkameraden«. Der Ehrengast des Abends war Frank, der Sohn. Er war extra aus Wiesbaden gekommen und verpasste Siegfried Schmidts Rede. Aber er sah, wie herbstlich der Tisch geschmückt war, ganz im Sinne seiner Mutter. Und er hörte, wie gut alle über sie sprachen. Kein schlechtes Wort. Mit der Festschrift hatte sich Siegfried Schmidt besonders große Mühe gegeben. Sie war noch dicker als das letzte Mal. Auf der Titelseite war die alte Ludwigsfelder Schule zu sehen und davor, ganz groß, das Foto einer dunkelhaarigen Frau in weißem Pullover.

Brigitte Scholl lacht.